Als ich Johan August Strindberg war

Strindberg war

Flashback

Maria Sand

Bibliografische Information der deutschen Nationalbibliothek:

Die deutsche Nationalbibliothek verzeichnet diese Publikation in der
deutschen Nationalbibliografie; detaillierte bibliografische Daten sind
im Internet über http://dnb.dnb.de abrufbar

© Maria Sand

Herstellung und Verlag: BoD – Books on Demand, Norderstedt

ISBN 9783732294138

Vorwort

Vielleicht schaffe ich es dieses Mal, für meine spontane Erinnerung an ein früheres Leben eine Form zu finden, mit der ich leben kann. Denn neben der Schwierigkeit zu beschreiben, welche Bedeutung sie für mich hat, fiel es mir auch schwer, eine ordentliche äußere Form zu finden. Ich hatte davor noch nie ein Buch geschrieben, obwohl ich ständig am Schreiben war. Es gab im Jahr 2007- damals entstand die erste Ausgabe - noch keine Möglichkeit, etwas kostenlos in Form eines richtigen Buches zu veröffentlichen. Deshalb war die es eigentlich mehr ein kopiertes Heft. Fehlerhaft war das Manuskript deshalb, weil ich - wie auch Strindberg - eine Abneigung dagegen hatte, das Geschriebene nochmals zu lesen.

Verkauft habe ich kein einziges Exemplar. An wen auch und wie? Fast niemand erfuhr von seiner Existenz. Gelesen wurde es nur von einigen wenigen Leuten, denen ich je ein Exemplar schenkte. Trotzdem fand es den Weg in eine Bibliothek, was ich erst viel später heraus fand.

Als würde eine unsichtbare Macht mich an der Hand halten und mir Schritt für Schritt den Weg zu meinem Ziel ermöglichen, taten sich jedoch mit der Zeit immer neue Möglichkeiten auf. Bücher über Strindberg erschienen. Davor hatte es kaum welche in deutscher Sprache gegeben. Mir fehlten deswegen wichtige Informationen - was sich auch erst nachträglich als ein Segen heraus stellte. Denn nachdem ich mich erinnert hatte, vergaß ich fast alles sofort wieder. Wäre die Erinnerung geblieben, hätte ich mich vielleicht in dem früheren Leben verloren. So aber musste ich es aufarbeiten. Sogar seine Stücke wurden wieder vereinzelt in Österreich aufgeführt. Selbstverlage entstanden die es erlaubten, ohne große Kosten Bücher zu veröffentlichen. Letzteres war für mich besonders wichtig, weil ich niemals einen richtigen Verlag gesucht hätte.

In aller Öffentlichkeit zu erklären, ich sei in einem früheren Leben Strindberg gewesen, war nicht leicht. Jetzt ist es einfacher, weil ich unter einem Pseudonym schreiben kann. Viele Leute halten einen für verrückt, wenn man behauptet sich an ein früheres Leben zu erinnern. Auch wenn man noch so viele Beweise oder Indizien erbringen kann. Erst in den letzten Jahren wurden Erinnerungen an Präinkarnationen salonfähig. Jedem vernünftigen Menschen wäre es früher schwergefallen, damit an die Öffentlichkeit zu gehen. Zumindest wenn man in einem eher skeptischen Umfeld lebt. Ich habe noch dazu eine ungeheure Scheu vor Öffentlichkeit, welche ich offenbar entwickelte, als ich Strindberg war. Jawohl: jetzt schreibe ich "als ich Strindberg war". Vor 12 Jahren wäre das noch nicht möglich gewesen. Auch wenn ich aufgrund meiner Erinnerung annahm, als Strindberg gelebt zu haben, gab es doch eine so starke psychische Grenze zwischen "ihm und mir", so dass ich immer von "ihm" schrieb und sprach, aber nie von Strindberg, als einer Person, mit der ich mich identisch fühle.

Gleichzeitig mit meinem ersten Buch "Präinkarnation Strindberg", veröffentlichte ich noch zwei weitere Bücher in Form von Heften. Eines davon betraf meine Traumstudie, die damals auch noch in den Kinderschuhen steckte. Hier gibt es gleich wieder eine Parallele zu Strindberg, denn er schrieb - wie ich - über seine paranormalen Träume und deren Erfüllung. Meine Träume veröffentlichte ich seit dem Jahr 2000 im Internet, unter zahlreichen Pseudonymen. Niemand sollte auf mich schließen können. Es kostete mich trotzdem große Überwindung, im Internet meine Traumstudie zu veröffentlichen.

"Ich jedoch, in meiner Scheu vor der Öffentlichkeit, schreibe stattdessen einen Aufsatz über die Sache und schicke ihn an den Temps, der ihn nach zwei Tagen bringt.", schrieb ich, als ich Strindberg war und bestätige damit sozusagen nachträglich, meine heutige Theorie: Ich habe mein früheres Leben im Prinzip - allerdings unter anderen Vorzeichen - einfach nur weiter geführt. Tief im Inneren habe ich mich nicht verändert. Im Verlauf dieses Buches hoffe ich erklären zu können, wie sich

unsere früheren Leben auf das derzeitige auswirken. Es ist eigentlich gar nicht schwer zu verstehen, sondern nur schwer zu erklären.

Dieses Buch musste ich im Jahr 2007 unter meinem bürgerlichen Namen heraus bringen. Sonst wäre es zu kompliziert geworden. Ich wundere mich heute noch über meinen damaligen Mut.

An dieser Stelle lässt sich bereits erkennen was auf Sie, liebe Leserin und lieber Leser, zukommt. Mein Buch ist ein Vergleich zwischen zwei Personen die scheinbar nichts miteinander zu tun haben; nach meinem Verständnis jedoch ein und dieselbe Person sind. Mit Hilfe dieses Kunstgriffs gelingt es mir, eine Kette an Indizien zu präsentieren, anhand derer man die Logik der Seelenwanderung nachvollziehen kann. Es lässt sich nicht vermeiden, ganz persönliche Gedanken, Gefühle und Erlebnisse zu erwähnen, weil nur so ein direkter Vergleich möglich ist. Zum Glück gibt es viele autobiografische Details aus meinem, also Strindbergs, früherem Leben. Das halte ich für keinen Zufall, sondern für eine logische Konsequenz. Auf diese Weise habe ich mir selbst die Möglichkeit eröffnet, einen Beweis für die Existenz der Seelenwanderung zu erbringen. Ein Thema also, mit dem ich mich schon als Strindberg herum geschlagen habe. So erwähnt er beispielsweise, dass jemand ihn fragte ob er glaube, einst Napoleon gewesen zu sein. Was er verneinte.

Ihm ging es darum, den Menschen anhand seines eigenen Lebens die Welt zu erklären. Was ihm nicht gelungen ist und damals auch nicht gelingen konnte. Was man nicht selbst verstanden hat, kann man auch nicht erklären.

„Das also mein Leben: ein Zeichen, ein Beispiel, um anderen zur Besserung zu dienen; ein Sprichwort, um die Nichtigkeit des Ruhmes und des Gefeiert Werdens darzutun; ein Sprichwort, um die Jugend darüber aufzuklären, wie sie nicht leben soll; ein Sprichwort ich, der sich für einen Propheten hielt und, enthüllt, wie ein Prahler dasteht. Nun, der Ewige hat

diesen Lügenpropheten dazu verführt, leere Worte zu machen, und der falsche Prophet fühlt sich unverantwortlich, da er nur eine ihm aufgetragene Rolle gespielt hat. Hier habt ihr, meine Brüder, ein Menschenschicksal, eins unter so vielen, und nun gebt mir zu, dass das Leben eines Menschen erscheinen kann – als ein schlechter Scherz!"

Ich führe quasi fort was er begonnen hat. In diesem meinem derzeitigen Leben sollte es nicht anders sein. Seine Worte erklären mein Leben, meine Entscheidungen und meine Gedanken. Es ist weder ein Neubeginn, noch ein zufälliges Erstehen aus dem Nichts. Man erkennt deutlich die logische Konsequenz für das derzeitige Leben, welche sich aus den Handlungen im Vorleben ergibt. Oft habe ich mich gefragt, warum ich das alles mache, was ich tue - und ich habe lange gebraucht es zu verstehen. Es bringt weder Ruhm, noch Geld, noch Sicherheit. Im Gegenteil werde ich bekämpft, angefeindet, verlacht, verspottet. Seelisch und körperlich war ich oft am Limit, mit meinen Kräften am Ende. Trotzdem mache ich immer weiter: Nicht was ich schreibe ist für mich wichtig, sondern "was ich lebe". Ich selbst bin das Werk. Damit habe ich auch noch etwas Wichtigeres verstanden: Wir sind dazu geboren, uns weiter zu entwickeln, zu wachsen - und uns selbst zu erschaffen.

Viele Werke Strindbergs waren reine Autobiografien. In dieser Hinsicht setze ich mit diesem - eigentlich wissenschaftlichen Werk - seine/meine Arbeit fort, indem ich richtig stelle, was ich damals falsch gesehen, oder nicht erkannt hatte. Dieses Buch besteht daher aus zwei Biografien - einer einzigen Person. Zwischen damals und jetzt unterscheide ich, indem ich unterstreiche, was ich zitiere.

Ich beginne mit der ersten Ausgabe aus dem Jahr 2007, als ich mich zwar für meine Präinkarnation nicht mehr genierte, aber zu ihr noch eine große Distanz verspürte. Deshalb ist diese Neuauflage eine bearbeitete Version, in welche Elemente der zweiten, stark veränderten Auflage mit einfließen.

"Ich habe dieses Buch nicht nur einmal geschrieben. Immer wieder habe ich damit begonnen, immer wieder habe ich das Geschriebene verworfen. Nachträglich wurde mir klar, dass hinter diesem Zögern und Zaudern ein tieferer Sinn verborgen lag. Zwar liegt meine visionäre Erinnerung viele Jahre zurück, was sie mir über die reine Information hinaus aber sagen wollte, wurde mir erst in den letzten Wochen bewusst.

Zwischen Wissen und Begreifen kann ein sehr großer Unterschied sein. Zu wissen, dass es Wiedergeburt gibt, hilft uns noch nicht zu begreifen, wie sie funktioniert und warum sie geschieht. Eine Erkenntnis die sich nicht mit der Erinnerung einstellte, sondern erst langsam und mühsam wachsen musste. Es war nötig ein vergangenes Leben aufzuarbeiten, sich mit ihm auszusöhnen, um das neue, derzeitige überhaupt erst in seiner ganzen Komplexität zu verstehen. Auf diese Weise lernte ich die unterbewussten Mechanismen verstehen, die unsere Zukunft formen."

Es ist kein normaler Traum, aus dem ich erwache, sondern eine andere Ebene des Denkens, angesiedelt zwischen tiefem Schlaf und höchster Bewusstheit. Ein ganzes Leben liegt vor mir, wie auf einen Punkt reduziert und doch alle Informationen enthaltend, die seine Einzigartigkeit ausmacht. Ein fast unbeschreiblicher Zustand, den nur der verstehen kann, der ihn selbst erlebt hat. Ich weiß mit untrüglicher Sicherheit - ich bin Johan August Strindberg.

Normalerweise würde ich diese Eingebung in Vergangenheitsform fassen, aber in diesem Fall gibt es keine Vergangenheit, sondern nur Gegenwart. Diese Person, von der ich bisher nicht einmal den Namen wusste, ist in mir lebendig. Diese plötzliche Erkenntnis, das unzweifelhafte Wissen, ein dunkles, furchtbares Leben gelebt zu haben, voller Probleme und Schwierigkeiten, löst eine ungeheure Angst aus. Bis ins kleinste Detail erinnere ich mich wer ich bin, was ich getan und erlebt habe. Zwar trete ich selbst in den Hintergrund, bleibe aber doch ich selbst, ohne dass es einen Bruch gibt zwischen mir und ihm. In diesem einen Augenblick, in dem die Grenzen der Zeit und der Personen aufgehoben sind, in dieser anderen Dimension reiner, körperloser Bewusstheit, verharre ich nur kurz. Die Menge an Erinnerungen scheint zu viel für mein Gehirn zu sein, denn im nächsten Augenblick verschwindet die Vision und zurück bleibt nur Erinnerung, die schal ist im Vergleich zu dem, was sich mir gerade eröffnet hat. Vielleicht wehrt sich aber auch nur mein Bewusstsein gegen die Erinnerung an ein verhasstes Leben.

Während sich eine neue Welt in mein geistiges Blickfeld drängt, die eigentlich bisher die ältere war, bricht eine alte Welt, meine eigentliche Gegenwart, zusammen. Gnade! Ich denke verzweifelt, es sei wohl besser, sich nicht an frühere Leben zu erinnern. Und in diesem Moment verschwindet das quälende Wissen aus meinem Bewusstsein.

Ich vergesse alles wieder, was gerade noch vor meinem geistigen Auge stand und zurück bleibt nur die Erschütterung, sowie die absolute Gewissheit, in diesem vorhergehenden, schrecklichen Leben ein zentrales Problem gehabt zu haben, das mit meiner damaligen Mutter zusammen hing. Der Schock sitzt tief und lässt sich nicht mehr abschütteln. Es dauert lange bis ich mich von dem Eindruck befreie, bis ich wirklich wieder ich selbst bin und nur ich selbst; Frau und Mutter zweier kleiner Kinder, verheiratet, voller innerer und äußerer Probleme, aber im Moment doch irgendwie gefestigt. Sprechen kann ich über das Erlebte nicht. Wer würde mir glauben, mich verstehen?

Obwohl ich mehrere Jahre als Buchhändlerin gearbeitet habe, war mir Strindberg vor meiner Vision kein Begriff. Ich hatte zuvor weder seine Stücke gesehen, noch etwas von ihm gelesen. Zu der Zeit, als ich die Vision hatte, war Strindberg in Österreich nicht aktuell, wie ich später feststellte.

Am Abend zuvor hatte ich im Fernsehen ein Foto von ihm gesehen und der Name Strindberg fiel. Das sagte mir gar nichts. Ich blieb total unbeeindruckt. Aber offenbar wurde dadurch eine Erinnerung geweckt, die wir normalerweise unterdrücken. Ein Flashback sozusagen.

Wie alles was mich beschäftigt und was ich erlebe, notiere ich das Erlebte in meinem Tagebuch, das ich seit Jahren führe, das ich aber zu einem späteren Zeitpunkt vernichte. Den Grund dafür werde ich später erklären, denn auch er stellt eine Parallele zu Strindbergs Leben dar. Diesen Traum, der wie schon erwähnt, kein "normaler" Traum war, sondern eine Vision, so eindrücklich, klar und überzeugend, habe ich um das Jahr 1986 herum. Das genaue Datum kann ich nicht mehr feststellen.

Das Tagebuch, in dem ich auch meine Träume notiere, führe ich, obwohl es anstrengend ist, weil die Zeit oft knapp wird, mit kleinen Kindern, die beschäftigt werden müssen. Denn ohne dieses Tagebuch hätte ich schon längst den Verstand verloren. Erst seit ich es führe, beginnen sich meine Gedanken zu ordnen. Es verschafft mir Ruhe von diesen ewig hämmernden Gedanken, die sich nie abstellen lassen und die ich oftmals

12

sogar als fremd empfinde, weil ich ihren Ursprung nicht erkennen kann. Als würde jemand in mir denken. Nur wenn ich sie niederschreibe, verschonen sie mich; aber nur um neuen Eindringlingen Platz zu machen, die ebenfalls aus mir heraus dringen und zu Papier gebracht werden möchten. Manchmal bin ich so angeregt, dass ich gar nicht so schnell schreiben kann, wie sie sich in meinem Kopf bilden. Wenn ich dann später das Geschriebene lese, was ich nur selten tue, erscheinen sie mir wie die Produkte eines Unbekannten.

Ich schalte niemals ab, mache niemals "Urlaub" vom Nachdenken, denn meine Gedanken pochen immer in meinem Kopf, stellen Fragen, produzieren Antworten. Es sind nicht die Probleme einer Hausfrau, die mich bewegen, sondern die großen Fragen nach dem Sinn des Lebens. Ob Gott existiert, was uns zu dem macht was wir sind. Wer wir sind, woher wir kommen und wohin wir gehen. Gedanken die mich nicht bloß beschäftigen, sondern quälen.

Hier beginnt mein erster Vergleich und deshalb verwende ich absichtlich den Begriff "Gedankenmühle", um deutlich zu machen, wie ähnlich meine Art zu denken, derjenigen Strindbergs ist. Mit eigenen Worten beschrieben würde ich vielleicht eher: die Gedanken bewegen sich im Kreis" sagen. Strindberg verwendet folgende Worte für dasselbe Phänomen:

"*Wenn ich in der Eisenbahn sitze, oder was immer ich tue, mein Gehirn arbeitet ununterbrochen, es mahlt und mahlt wie eine Mühle, und ich kann es nicht abstellen. Ich finde keine Ruhe, ehe ich es zu Papier gebracht habe, dann aber fängt gleich etwas Neues an, und alles bleibt beim Alten. Ich schreibe und schreibe und lese nicht einmal durch was ich geschrieben habe.*"

Viele Menschen haben ähnliche Eigenschaften. Davon leben die Astrologen, mögen die Kritiker nun einwenden. Wenn man Menschen miteinander vergleicht, wird es immer einige

13

Übereinstimmungen geben. Niemand ist ein Einzelstück. Hätte ich nur diese Eigenschaft mit ihm gemeinsam, könnte man es vielleicht als Zufall abtun. Doch wenn sich die Ähnlichkeiten häufen, muss man sich doch fragen, ob es sich dabei tatsächlich um Zufälle handeln kann, oder ob nicht auch der Zufall Grenzen hat. Denn es gibt auch noch zahlreiche andere, zum Teil überaus seltsame Parallelen zwischen ihm und mir. Je mehr Übereinstimmungen es gibt, desto eher werden Indizien zu Beweisen, die man nicht so einfach abtun kann.

Wer sie nicht selbst erlebt hat, kann sich eine spontane Erinnerung an eine frühere Existenz vermutlich nicht vorstellen. Das konnte ich vorher auch nicht. Sie war nicht nur in dem Augenblick, in dem sie ablief beeindruckend, sondern wirkt bis zum heutigen Tag nach. Bis heute beschäftigt sie mich, quält mich aber auch, weil ich mich mit diesem Menschen, von dem ich zuvor gar nichts wusste, nicht identifizieren möchte. Weil die Eindrücke, die ich während der Vision gewann, mich ihm gegenüber mit Abscheu erfüllten.

Nun versuche ich mich trotzdem dem Menschen Strindberg bewusst zu nähern, mehr über ihn zu erfahren, in der Hoffnung, er sei vielleicht doch ein ganz guter Mensch gewesen.

Es gibt drei Wege, sich dieser seltsamen Erfahrung zu nähern und sie verstehen zu lernen. Ignorieren lässt sie sich jedoch nicht. Entweder man wendet sich ihr zu, oder man geht an ihr zugrunde. Man kann versuchen, mit reinem logischem Denken Erklärungen zu finden. Das ist nicht nur mühsam, sondern auch weitgehend sinnlos, weil wir nur logisch denken können, wo uns auch Informationen zur Verfügung stehen. Also müssen wir entweder die notwendigen Informationen aufspüren, oder unsere Bemühungen aufgeben.

Meditation ist ein anderer Weg. Den hatte ich vor Jahren ausprobiert, lange vor dieser Erinnerung, weil ich mich gerne an ein früheres Leben erinnert hätte. Damals aber ohne jeden Erfolg.

Ich war ungefähr zwanzig Jahre alt, hatte Aurobindo gelesen, mich mit Yoga beschäftigt und dachte oft darüber nach, ob es Wiedergeburt tatsächlich gibt. Jeden Abend meditierte ich, versuchte mir selbst eindringlich die Frage nach meinen früheren Inkarnationen zu stellen. Als ernsthafter Mensch der das Leben hasst und voller Mitleid für die gequälte Kreatur ist, erwartet man, ein frommer und guter Mensch gewesen zu sein. Jemand wie Aurobindo, oder wenigstens ein Mönch. Dass ich männlich gewesen sein musste, war mir schon damals klar. Es kam keine Antwort. Weder im Traum, noch als Vision während

15

der Meditation. Deshalb stellte ich meine Versuche bald wieder ein. Ich dachte auch nicht mehr darüber nach, weil es mir sinnlos erschien, nach früheren Existenzen zu fragen. So richtig überzeugt von der Wiedergeburtstheorie war ich eigentlich auch nicht. Doch jetzt wo spontan und ohne bewusstes Zutun die Erinnerung aufgebrochen ist, beginnt für mich ein neuer Lebensabschnitt, das fühle ich deutlich. Die Veränderung ist zwar nach außen hin nicht sichtbar, dafür umso einschneidender im unsichtbaren, seelischen Bereich. Ich, in meiner Eigenschaft als einzigartiges, unverwechselbares Individuum, das ganz genau weiß was richtig und was falsch, gut und böse ist, muss meine Selbsteinschätzung plötzlich relativieren. Natürlich bin ich nicht der Mensch, der ich sein sollte, oder sein könnte, das ist mir schon klar. Zur Heiligkeit ist es noch ein weiter Weg. Aber zumindest bin ich ICH und ich kenne mich in und auswendig. Jedenfalls erlebte ich mich bisher so. Doch von einem Augenblick auf den anderen verwandle ich mich in ein unbekanntes Wesen, das nur einen winzigen Teil seiner wahren Existenz erkennen kann. Verdrängt und vergessen, schlummerte in mir schon immer eine Vergangenheit, für die ich mich jetzt schäme und die ich verachte. Die theoretische Möglichkeit eine Wiedergeborene zu sein, war mir bekannt. Aber was ist die graue Theorie gegen lebendiges Erleben?

Ist der Tod tatsächlich nur Illusion? Einer von Majas geheimnisvollen Schleiern, die sie über unsere Seele breitet, damit wir nicht erkennen, an welchen Stricken wir angebunden sind? Hat Meyrinck Recht wenn er meint, man setze uns immer wieder einen anderen Hut auf und man sei dann jemand anderer?

Ich pilgere wenige Tage nach dem Erlebten zu meiner Mutter, gebe die Kinder bei ihr ab und mache mich auf die Suche nach Literatur über Strindberg.

Es ist nicht schwer ein Buch über ihn zu finden, obwohl es gerade sehr wenige über ihn gibt. Schwieriger gestaltet sich

16

das Lesen, weil sich in mir etwas Undefinierbares ganz gewaltig dagegen sträubt, mehr über diesen Menschen zu erfahren, an dessen Leben ich mich erinnert hatte. Mir ist Strindberg alles andere als sympathisch. Er ist genau genommen so ziemlich alles, was ich sicher nicht gewesen sein möchte.

Je tiefer ich eindringe, umso stärker wird mir bewusst, dass es sich keineswegs um eine Täuschung handeln kann. Ich finde alles bestätigt, was ich mir als Gesamtsicht erhalten habe, auch wenn ich die einzelnen Details nicht mehr weiß und auch gar nicht wissen will. Die Peinlichkeit der ich mich aussetze, führt zu einer immer größeren Abneigung, das alte Leben als mein eigenes zu akzeptieren. Nachdem ich mühsam doch einige Seiten lese, lege ich das gekaufte Buch beiseite, lasse die Gedanken wieder in meinem Kopf einen Reigen tanzen, bis es mir schließlich zu viel wird und ich zum obligaten Papier greife, um Ruhe zu schaffen.

Als erstes stelle ich eine Liste zusammen. Die wenigen Anhaltspunkte vergleiche ich mit meinem Leben. Es sind eher unwichtige Kleinigkeiten, die es im Leben vieler Menschen zu finden gibt. Sie stimmen allesamt mit meinen Gedanken, Wünschen und Handlungen überein, wenn auch nicht immer in gleicher Intensität. Manches machte er perfekt, während ich zwar einen für mich unverständlichen Wunsch spüre, dasselbe zu tun, es dann jedoch nicht verwirklichen kann. Beispielsweise will ich unbedingt Gitarre spielen lernen. Ich kaufe mir eine Gitarre - und belasse es dann dabei. Strindberg spielte Gitarre und sang auch oft dazu. Was den Gesang betrifft, gibt es eine klare Übereinstimmung. Ich singe oft und mit Begeisterung seit meiner frühesten Kindheit. Er hatte einen dröhnenden Bass. Ich liebe diese tiefe Männerstimme und versuche oft so tief wie möglich zu singen. Viele andere kleine Übereinstimmungen, kann ich auch noch mit Hilfe des Buches finden. Das ist mir zu wenig. Es ist auch zu wenig, denn in dem Buch finden sich nur relativ wenige Hinweise. Vieles finde ich erst später, im Laufe meiner Recherchen.

So komme ich im Moment nicht wirklich weiter. Ich muss eine andere Möglichkeit finden, meine Erinnerung zu verarbeiten. Alles in mir sträubt sich nämlich dagegen, mich mit ihm zu vergleichen. So bin ich doch nicht, denke ich.

Der dritte mögliche Weg ist die Hypnose. Schon als Kind habe ich mich für diese Technik interessiert und begeistert. Auch den Wunsch mich hypnotisieren zu lassen, habe ich schon seit vielen Jahren verspürt. Nebenbei bemerkt interessierte sich auch Strindberg dafür, was ich zu diesem Zeitpunkt auch noch nicht weiß.

Als ich mit etwa 16 Jahren eine Psychotherapie machen muss, bitte ich darum mich zu hypnotisieren - was die Therapeutin aber ablehnt. Ich bin ungeheuer enttäuscht und warte weiter auf eine Gelegenheit, mir meinen Wunsch doch noch zu erfüllen. Das scheint sie nun zu sein. Es lässt sich daher schwer sagen, ob ich tatsächlich eine Rückführung machen will, oder einfach auf eine neue Chance hoffe, doch noch zu meiner Hypnose zu kommen. Ganz sicher bin ich mir nicht. Zwar habe ich vor meiner Heirat lange Zeit regelmäßig meditiert, mich von den Menschen zurück gezogen und auch einige wertvolle Erfahrungen gesammelt, aber Hypnose scheint mir weniger mühsam zu sein, um in die Tiefen der eigenen Seele vorzudringen. Mit Meditation habe ich es ja schon einmal vor vielen Jahren vergeblich probiert. Mir fehlt auch die äußere Ruhe, um mich mit Konzentrationsübungen abzumühen. Aber wo soll ich so plötzlich einen geeigneten Therapeuten suchen, frage ich mich, tue aber nichts dazu, um einen zu finden.

Wenn man etwas sucht, braucht man nur zu warten, dann kommt es von selbst. Läuft man hinter etwas her, entfernt es sich. Strindberg nennt das überraschende Zusammentreffen von Wunsch und Erfüllung "okkult", ich nenne es Wille. Er spricht von den "Mächten", die ihm Zeichen geben, ich hingegen bin ein moderner Mensch und sage "paranormale Fähigkeiten". Einige Zeit vergeht, die ich ausschließlich dazu nütze, meine Gedanken in Bewegung zu halten und zu "wünschen". Das mache ich immer, wenn ich keinen Weg sehe etwas zu bekommen, was ich gerade brauche. Irgendwann kommt "es" zu mir.

Esoterikmessen mag es schon viele gegeben haben. Darauf habe ich nie geachtet, obwohl ich mich für Esoterik bereits interessiere, als noch kein Boom zu spüren ist. Ich verkaufe auch unzählige esoterische Bücher, als ich noch als Buchhändlerin arbeite - und bin sehr darum bemüht, für sie zu werben. Einmal kann ich mich sogar aufraffen einen Workshop zu besuchen, der von Milan Ryzl veranstaltet wird. Dieser Workshop wird mir geradezu aufgedrängt. "Zufällig" arbeite ich gerade in einer Verlagsauslieferung. Eine Arbeit die so gar nicht für mich geschaffen ist - oder ich nicht für sie. Deshalb bleibe ich auch nicht lange dort. Aber lange genug um diesen Workshop kostenlos besuchen zu dürfen. Er dauert zwei Tage und ist vermutlich nicht billig. Einen Volkshochschulkurs für Parapsychologie besuche ich auch noch, gehe aber nur zwei, oder dreimal hin. Ich fühle mich dort fehl am Platz. Was soll ich mit der vielen Theorie anfangen? Überhaupt finde ich es seltsam Parapsychologie zu unterrichten, ohne jemals ein paranormales Phänomen an sich selbst erlebt zu haben. Das ist ungefähr so, als würde ein Mensch der nicht hören kann, Gesang unterrichten.

Zufällig sehe ich ein Plakat mit der Ankündigung der nächsten Messe und spontan entschließe ich mich, sie zu besuchen, obwohl ich weiß, dass dort sehr viele Menschen sein werden. Größere Menschenansammlungen meide ich normalerweise so gut ich kann. Es lässt sich nicht beweisen, aber ich fühle, dass

19

eine unsichtbare Führung vorhanden ist, die mich immer im rechten Moment das Richtige finden, oder tun, manchmal auch das Falsche unterlassen lässt. Nein, wirklich keine Mächte, eher Intuition. Die heurige Esoterik-Messe zieht mich magisch an, obwohl ich keine Ahnung habe, was ich dort eigentlich soll. Also muss es richtig sein sie zu besuchen, denke ich.

Ich schlendere von einem Stand zum anderen, finde nichts interessantes. Es kommt auf meine Tagesverfassung an, was und woran ich glaube, oder vielleicht auch auf das was ich gerade gelesen habe. Denn meine Meinung ist keineswegs fest und starr. Sie ändert sich immer wieder. Auch hier ist etwas wie eine Kreisbewegung zu spüren. Für den Betrachter mag es scheinen, als sei ich unstet, was ich nicht wirklich bin. Ich halte das Ändern einer Meinung nicht für einen Mangel, sondern für eine Stärke. Und zwar weil ich fähig bin, alles Neue aufzunehmen, mir zu eigen zu machen. Denn dann und nur dann kann ich vorurteilslos darüber nachdenken, ob meine Meinung richtig oder falsch ist. Die fremden Gedanken, die sich in mir öffnen, sobald ich eine Meinung anderer Menschen annehme, werden kurzfristig zu meinen eigenen, die ich überprüfe. Wenn sie mir falsch erscheinen, weil ein Widerspruch durch wieder andere, fremde Gedanken entsteht, lasse ich sie wieder fallen. Ob ich wirklich jemals einen eigenen Gedanken habe, kann ich nicht überprüfen. Gibt es eigene Gedanken, die nur ein einziger Mensch hat? Ich glaube nicht. Sie wandern von einem Menschen zum anderen und weil sie auf ihrem Weg durch unsere Gehirne, gegenteiligen Gedanken begegnen die zu Konflikten führen, Fragen aufwerfen, bisher Geglaubtem widersprechen, entstehen daraus neue. Eine Schwäche wäre es, würde ich die fremden Gedanken kritiklos aufnehmen und für ewige Zeiten behalten.

Manchmal glaube ich fast an Magie, dann wieder scheint es mir sehr blöd zu sein, an solchen Unfug zu glauben. Ich versuche diese Phänomene wissenschaftlich zu betrachten, gleite aber trotzdem immer wieder in die Esoterik ab, was ich gar nicht möchte. Dann wiederum wende ich mich mehr der Religion zu.

Versuche zu verstehen, hinterfrage. So gesehen bin ich kein esoterischer Mensch - nicht mehr. Ein wirklich religiöser aber auch nicht. Totalitäre Gedanken sind mir zuwider. Denkverbote lasse ich nicht gelten.

Auf der Messe gibt es nichts, was ich nicht schon kenne und nichts, das mir noch etwas bedeutet. Zudem fällt es mir schwer etwas Passendes zu finden, wenn das Angebot groß ist. Dann verliere ich den Überblick. Deshalb gehe ich die aufgestellten Tische entlang, lasse meinen Blick nur darüber schweifen und finde so im Vorbeigehen, die Visitenkarte einer Rückführungstherapeutin. Die Karte liegt auf einem Stand auf. Damit ist das angestrebte Ziel so gut wie erreicht. Es scheint mich geradezu hin zu drängen, es muss sein, ich muss diesen Weg weiter gehen, das fühle ich immer deutlicher. Diese Frau ist die Lösung meiner Probleme. Sie wird mir sagen können, ob meine Vision Fantasie oder Erinnerung ist. Nun gilt es nur noch, meine angeborene Schüchternheit zu überwinden und auch hinzugehen. Zu meiner größten Überraschung mache ich es dann auch wirklich!

Die erste Sitzung ist dementsprechend aufregend. Die Therapeutin gefällt mir, obwohl sie mir etwas zu weiblich erscheint, mit ihrem lockigen, blonden Haar, fast mädchenhaft gekleidet, trotz ihres nicht mehr jugendlichen Alters. Eine Frau, die durch einen Schicksalsschlag zur Esoterik kam und durch die Esoterik ihren gesamten Freundeskreis verlor. Unsere Gesellschaft ist voller Vorurteile. Das musste sie am eigenen Leib erfahren. Die Frau erscheint mir leichtgläubig und naiv zu sein, als sie mir von Geistern und magischen Begleitern erzählt. In der Buchhandlung die alles organisiert, finde ich Bücher von Okkultisten, sowie magische Gegenstände. Ich kaufe mir noch schnell die Kabbala von Papus, dessen Name ich nie zuvor gelesen habe, der mir aber sofort ins Auge sticht und dann lasse ich mich auf das Abenteuer ein. Erst viele Jahre später erfahre ich im Laufe meiner Nachforschungen, dass Strindberg Papus sehr gut kannte. Zu gut sogar.

Die Dame ist freundlich und erklärt mir gleich, ich solle mir nicht zu viel erwarten. Nicht jeder Mensch kann in den Zustand gelangen, der die Voraussetzung für Erinnerungen bildet. Der Raum in den wir dann gehen, ist dunkel und winzig klein. Halb sitze ich, halb liege ich, eingehüllt in eine Decke, vor Nervosität zitternd. Zwar erzähle ich von meiner Erinnerung, wage aber nicht den Namen zu nennen, an den ich mich erinnere. Ich rede mir selbst und der Hypnotiseurin ein, um eine Selbsttäuschung zu vermeiden wolle ich nicht in das erinnerte Leben, sondern in ein anderes. Vielleicht ist es mir in Wahrheit bloß unangenehm, mich nochmals an mein Leben als Strindberg zu erinnern. Wahrscheinlich habe ich Angst, mein Geheimnis könne offenbar und damit peinlich werden, wenn sie mir Fragen stellt, denn ich schäme mich noch immer für meine Präinkarnation.

Um bei der Rückführung nicht die Kontrolle über das Geschehen zu verlieren, bitte ich die Therapeutin mir zu suggerieren, ich würde mich nach Ende der Sitzung spontan an meinen Namen erinnern. Hypnose kann sehr suggestiv sein und wenn man sie falsch anwendet, wird die Fantasie zur

Wirklichkeit, weil das Unterbewusstsein den Befehlen des Hypnotiseurs zu gehorchen versucht. Die Frau soll mir deshalb nicht einreden, ich hätte ein früheres Leben gelebt, sondern nur die Möglichkeit andeuten. Ich hoffe meine Formulierung wird eine suggestive Wirkung ausschließen. Denn so ganz traue ich ihr nicht. Es ist nicht so, dass ich diese Frau für fähig halte, meinen hilflosen Zustand auszunützen, sondern ich traue ihr nicht zu, dass sie weiß, was sie tut. Einem Mann hätte ich vielleicht mehr Vertrauen entgegen gebracht, mich einer Frau anzuvertrauen fällt mir schwer. Obwohl ich selbst Frau bin, habe ich Schwierigkeiten mit Frauen umzugehen.

Bevor wir anfangen erklärt sie, autogenes Training sei etwas Schlechtes, das wirke bei Frauen nicht, denn die hätten zu viel Fantasie und bräuchten bildhafte Beschreibungen. Gerade mir sagt sie das, wo ich über absolut keine visuelle Fantasie im Wachzustand verfüge. Was für mich ein großes Problem darstellt. Anscheinend besitzen sie fast alle Leute, wenn auch in verschiedener Intensität. Als Kind denke ich, es sei normal keine visuelle Fantasie zu besitzen. Mittlerweile habe ich meine Meinung geändert. Auch wenn ich mir nicht vorstellen kann wie es sein mag, Bilder im Kopf zu sehen, während man wach ist.

Sie beginnt mit Phrasen und beschreibt schließlich eine romantische Umgebung. Suggestionen die ich aus Büchern kenne und die bei mir nicht viel bewirken. Trotzdem gerate ich in eine leichte Trance, ohne etwas zu sehen. Nur ein seltsames Gefühl packt mich, als würde ich auf einem harten Lager liegen, vielleicht in einem steinernen Gefängnis. Dann plötzlich scheint es, als würde sich der Himmel öffnen und aus ihm heraus etwas in mein Bewusstsein eindringen. In Form zweier Worte" 1791 Gefangenschaft". Es folgt eine kurze Pause, dann denke ich "Kriegsgefangenschaft" und schon ist der Spuk vorbei. Mein psychischer Zustand verändert sich aber weiterhin und ich verwandle mich psychisch in einen Mann. Die Frau stellt mir Fragen, die ich nicht beantworten kann und auch gar nicht beantworten will. Ich fühle mich arrogant. Meine Gestik und Mimik, die Sprache, passen sich dem veränderten

Gemütszustand an. Wie kommt die Frau dazu, so mit mir zu reden, durchfährt es mich. Als sei ein fremder Geist in meinen Körper geschlüpft und habe von mir Besitz ergriffen, bleibe ich die fremde Persönlichkeit. Auch dann noch, als ich wieder auf der Straße bin und tief durchatme, weil ich endlich gehen kann. Noch während ich mit dem Auto nach Hause fahre, fühle ich mich aggressiv. Wie ein Mann, der sich als etwas Besonderes dünkt und dementsprechend rücksichtslos ist. Eine Geisteshaltung die mir normal zutiefst zuwider ist. Ich fahre riskant und rücksichtslos, finde nicht mehr so recht in mein Leben zurück.

Es dauert lange bis ich die fremde Persönlichkeit wieder abgelegt habe, wieder ganz ich selbst bin. Irgendwie macht es Angst, anscheinend in allen Leben genau die Eigenschaften besessen zu haben, die ich verabscheue. Auf der einen Seite weckt es natürlich auch die Neugier, aber auf der anderen wird man doch etwas verzagt und unsicher. War ich wirklich ein derart unsympathischer Mensch, oder ist es doch nur Fantasie? Ich habe mich schon fast damit abgefunden, Strindberg gewesen zu sein. Muss ich mich jetzt auch damit abfinden, in allen meinen Vorleben ein schlechter Mensch gewesen zu sein?

Zu Hause setze ich mich sofort zum Tisch und schreibe über die Rückführung. Plötzlich verliere ich die Kontrolle über meine Hand, die sich weigert ihren Dienst zu tun. Sie will etwas anderes schreiben, als das was mein Verstand ihr befiehlt. Die Hand lässt sich nicht mehr führen. Voller Angst und Panik versuche ich die Herrschaft wieder zurück zu gewinnen. So muss sich Besessenheit anfühlen, denke ich verzweifelt und überlege, ob ich besessen bin. Doch dann fasse ich mich wieder und kehre zu meiner psychologischen Interpretation okkulter Phänomene zurück. Das kann nur mein Unterbewusstsein sein, das sich gegen das Bewusstsein auflehnt, denke ich krampfhaft, um mich zu beruhigen. Vermutlich will die widerspenstige Hand meinen früheren Namen schreiben, um den posthypnotischen Befehl

24

auszuführen, aber das fällt mir erst ein, als der Spuk vorbei ist. Habe ich wirklich auf den posthypnotischen Befehl vergessen, oder will ich in Wahrheit den Namen gar nicht wissen? Ganz sicher bin ich mir da nicht. Die Chance ist jedenfalls vertan. Sofern meine Hand den wirklichen Namen geschrieben hätte, welchen ich in einem Leben im Jahr 1791 gehabt habe. Im Gegensatz zu meiner spontanen Erinnerung ist da so gar kein Bewusstsein für ein früheres ICH. Es sind mehr Gefühle und Ideen, die aus unterbewussten Tiefen ans Licht dringen.

Ich versuche es noch einmal mit einer Rückführung. Doch überraschend ändere ich meine Meinung und gehe diesmal in die Zukunft. Die Frau willigt ein, weil sie selbst auch an diese Möglichkeit glaubt. Diesmal sehe ich fast etwas, auch wenn es mehr Ahnung als Bild ist. Auf einer Wiese spielen eine blonde Frau und ein blonder Mann mit ihrem Sohn. Dieser Sohn bin ich, glaube ich zu wissen und fühle mich beruhigt und sicher, weil ich keine Frau sein werde. Die Szene erinnert mehr an einen Traum, als an echtes Wissen um die eigene Person. Wer weiß wer diese Leute in Wahrheit waren. War das wieder ein Versuch, der Vergangenheit zu entrinnen? Vermutlich. Wenn man sich selbst zu sehen glaubt, ist man es sicher nicht. Damit ist auch das Thema Rückführung abgehakt. Denn, so denke ich, vielleicht ist Strindberg noch die positivste Erinnerung, die ich an vergangene Leben in mir trage?

Es muss einen Sinn ergeben, dass ich mich gerade an dieses eine Leben so intensiv erinnert habe und deshalb wende ich mich ab sofort dieser einen Erinnerung zu. Nicht gleich, denn ich habe sehr viel zu tun und viel zu wenig Zeit um mich mit Strindberg zu beschäftigen.

25

Als wolle eine unsichtbare Macht mich von der Beschäftigung mit der Erinnerung an ein früheres Leben abhalten, werde ich von den unterschiedlichsten Ereignissen geradezu überrannt. Der tägliche Kampf gegen das häusliche Chaos, zeitweilige private Probleme, vergebliche Versuche dem Hausfrauendasein zu entfliehen. Dazu seltsame, beängstigende Ereignisse. Dazwischen Urlaubsreisen, zahlreiche Besucher, tratschen auf der Straße mit anderen Müttern. All das zermürbt mich, raubt mir die letzten Kräfte und stiehlt mir wertvolle Zeit. Lauter Dinge die total gegen meine Natur sind. Wie gerne hätte ich mich in mein Zimmer verkrochen und Konzentrationsübungen gemacht. Das ist nicht mehr möglich. Meine zahlreichen Interessen tun ein Übriges. Strindberg gerät immer wieder in den Hintergrund. Doch manchmal erinnere ich mich wieder, hole mein Buch hervor, lese gequält wieder einige Seiten und zerbreche mir weiter den Kopf wie es möglich ist, wiedergeboren zu werden - und warum man seine früheren Leben vergisst. Viele Jahre später stoße ich auf eine wissenschaftliche Arbeit. Zumindest Letzteres findet eine Erklärung. Im Alter von fünf oder sechs Jahren haben Kinder eine Amnesie. Sie vergessen ihre frühe Kindheit. Zumindest in weiten Teilen. Ich habe nicht alles vergessen. Ob ich als Kind eine Erinnerung an Strindberg habe? Das lässt sich nachträglich nicht feststellen. Vielleicht, vielleicht auch nicht.

Eine Erinnerung wäre wichtig und nützlich. Wie viele Irrtümer man sich ersparen könnte, hätte man all das wertvolle Wissen zur Verfügung, das man sich angeeignet hat. Oder man geht ausgetretene Pfade einfach nur immer weiter, gerade weil man sich erinnert? Vergessen ist vielleicht eine neue Chance?

Ich habe zwei Bücher über Strindberg zu Hause liegen und kein einziges in den folgenden Jahren fertig gelesen. Mir fällt schließlich irgendwann zufällig das "okkulte Tagebuch" in die Hand, als ich in einer Bibliothek stöbere. Es erschreckt mich in gewisser Weise, weil man Strindbergs Wahn darin zu erkennen glaubt, den man ihm nachsagt. Er muss wahnsinnig gewesen sein, denke ich, oder zumindest im Delirium Tremens.

Manchmal habe ich Angst davor, dass mich dasselbe Schicksal ereilt. Nicht erst seit ich mich an mein Vorleben erinnern kann, habe ich diese Angst. Obwohl ich weder Alkohol trinke, noch Drogen konsumiere. Ich zweifle meine Wahrmehmungen immer an. Selbst wenn ich gleichzeitig spüre, dass ich mich nicht irren kann. Eher vertraue ich den offensichtlichen Lügen eines anderen Menschen, als dem was ich sehe und höre. Meiner Intuition traue ich schon gar nicht. Andererseits finde ich in diesem Tagebuch meine eigene Fähigkeit wieder, in Träumen Ereignisse vorherzusehen. Das kann kein Zufall sein. Nur wenige Menschen erleben sie so intensiv wie ich.

Es dauert wieder lange Zeit, bis ich das neu Gelesene verdauen kann. Kann ich es wirklich verarbeiten, oder bilde ich mir das nur ein?

Vor meiner Ehe beschäftige ich mich längere Zeit mit Parapsychologie. Weniger mit der Theorie, als mehr mit der Praxis. In den Jahren danach mache ich das nur mehr selten. Ich stelle fest, dass ich zwar eine paranormale Fähigkeit habe, sie aber nicht kontrollieren kann. Das macht mir zeitweise Angst. Unter anderem glaube ich auch zu bemerken, dass sich meine Träume teilweise erfüllen. Das ist weniger aufregend als andere Ereignisse.

Es beginnt damit, dass ich von Personen träume, die ich mitunter längere Zeit über nicht gesehen habe - und wenige Tage später tauchen sie ohne besonderen Grund auf. Am Überraschendsten ist für mich eine eher banale Geschichte, welche ich auch in meinem Buch "die Intelligenz der paranormalen Träume" schildere: Gerade erwache ich aus einem Traum, der mich belustigt und auch überrascht. Ein Fisch schwimmt im Meer. Er gibt Geräusche von sich, an Hand derer er sich orientiert. Jemand sagt, er heißt Echolot. Diesen Namen habe ich noch nie zuvor gehört. Ich weiß nicht was ein Echolot ist. Kurz danach gehe ich ins obere Stockwerk zu meiner Mutter, um ihr diesen Traum zu erzählen. Das Radio läuft und als ich mit meiner Erzählung zu Ende bin, sagt der Sprecher im

27

Radio gerade das Wort "Echolot". Er spricht von einem U-Boot. Es verwendet den Echolot zur Orientierung. Das ist krass.

Mein Interesse ist geweckt und da ich meine Träume sowieso notiere, auch wenn ich sie dann nach einiger Zeit regelmäßig entsorge, weil sie zu viel Platz beanspruchen, beobachte ich sie auch auf ihre Erfüllung hin. Allerdings nicht so konsequent wie einige Jahre später, als ich aus einer äußeren Notwendigkeit heraus, eine richtige Traumstudie beginne.

Strindberg führte sein "okkultes Tagebuch" nicht so konsequent wie ich, aber doch ziemlich genau. Einige seiner Träume, die auf seine paranormale Fähigkeit hinweisen, erzählt er auch in seinen Briefen und in anderen Werken. Diesmal habe ich also eine weitere Parallele gefunden, die sicher etwas ungewöhnlich ist. Wie viele Leute führen ein Traumtagebuch, in dem sie vergleichen, welche Träume sich wie und wann erfüllen? Es ist vielleicht noch kein Beweis, aber ein starkes Indiz dafür, dass meine Erinnerung echt ist - eines von vielen die noch folgen sollten.

Die äußeren Ereignisse überrollen mich zeitweise. Strindberg liegt derweil sozusagen auf Eis. Bis ich erstmals eher zufällig im Internet auf Strindberg stoße. Oder besser gesagt: auf Informationen über ihn. Seit dem Jahr 2000 habe ich endlich Internet und erst das macht es mir möglich, Informationen über Strindberg und seine Werke zu finden, die mir wirklich weiter helfen. Buchhändlerin bin ich schon lange keine mehr. Wie bei einer Lawine, die anfangs nur schwach und langsam zu rutschen beginnt, dann anschwillt und mit der Zeit immer stärker und schneller wird, mache ich eine Entdeckung nach der anderen. Natürlich auch mit Pausen dazwischen, aber die werden immer kürzer. Wieso habe ich all die Jahre vertrödelt, mich mit allen möglichen Dingen beschäftigt, statt zielstrebig das alte Leben aufzurollen? Ich lese Inferno und Legenden. Alles wäre da gewesen, hätte ich danach gesucht. Langsam fange ich an ihn zu begreifen und damit auch mich selbst. Viele Fragen die ich habe beantwortet er mir jetzt und schließlich schließt sich auf eigenartige und überraschende Weise der Kreis. Jakob ringt ..... ringt er in mir? Die Geschichte hat kein Ende, sie ist, wie Strindberg meint, missglückt. Wen sollte es noch wundern? Jedes Ende ist neuer Anfang, jeder Anfang enthält längst Vergangenes. So bleibt jede Geschichte, jedes Leben nur Fragment und bildet doch eine Kreisbewegung, einen Teufelskreis, aus dem es scheinbar kein Entrinnen gibt.

Strindberg will in symbolischer Weise ausdrücken was ihn bewegt. Er will erklären, welchen inneren Kampf er führt. Es misslingt, kann nicht gelingen, weil er bereits dem Tod geweiht ist und kurz davor steht, den Kampf gegen den Engel zu verlieren. Zumindest in diesem einen Leben, das er in ein neues mit nimmt, auch wenn es nur unbewusst geschieht. Das er doch abzulegen versucht, weil er sich zutiefst dafür schämt, weil er es als Fehler empfindet. Die Scham ist offensichtlich geblieben. Sehnsüchte nach einem anderen Leben trägt er in sich. In seinen Werken begegne ich mir selbst. Meinen eigenen Gedanken, Schwierigkeit, ja sogar den eigenen Gewohnheiten. Mitunter kehrt sich etwas in sein Gegenteil, ohne die zugrunde liegende Logik damit zu stören, was ich im folgenden zu erklären versuche.

Das Jahr 2007 vollendet scheinbar den Kreis. Ich habe in letzter Zeit so oft versucht dieses Buch zu schreiben, das Manuskript jedoch nach kurzer Zeit verworfen. Langsam wird mir klar warum. Ich finde immer neue wichtige Hinweise, die Strindberg in einem anderen Licht erscheinen lassen und die Ursache meiner eigenen Lebensproblematik zu erklären vermögen. In mir hat sich etwas verändert, das fühle ich deutlich. Je mehr ich über Strindberg lese, je tiefer ich in seine Gedankenwelt eindringe, umso näher komme ich mir selbst. Unerklärliche Verhaltensweisen erscheinen logisch, während ich andererseits Strindbergs Verhalten zu verstehen beginne, auch wenn ich es nicht immer gut heißen kann. Man hat ihn zum Teil auch total falsch gesehen. Nicht in allem war er so, wie man es ihm unterstellte. Nie zuvor habe ich konsequent nach Büchern über ihn und sein Leben gesucht. Bis auf das erste Buch, das mir nur eine kurze Übersicht bot und das ich nie zu Ende lese, weil es mich anstrengt. Was ich lese, stößt mich ab. Wie sich herausstellt, war vieles davon auch falsch und ungerecht.

Alles andere kommt bisher von selbst zu mir, bin ich versucht zu sagen. Wenn ich in eine Bibliothek komme, nehme ich was ich zufällig vorfinde. Ich suche nicht konsequent genug, weil ich hoffe, das richtige würde sich mir schon von selbst anbieten. Das ändert sich nun und ich finde endlich, was ich brauche um wirklich zu verstehen. Nicht alles was man über ihn schreibt ist, oder war ehrlich gemeint, stelle ich erstaunt fest. Berühmte Menschen haben viele Feinde, viele Neider, die den Erfolgreichen verleumden und etwas erdichten, um sich selbst hervor zu heben. Einiges Schlechtes mag stimmen. Doch sie verstehen die Ursachen nicht. Finde ich andererseits die richtigen Bücher im richtigen Moment? Also dann wenn ich sie auch ertragen kann, wenn ich fähig bin zu verstehen, gereift bin und annehmen kann? Wer war Strindberg und wer bin ich? Beides gilt es zu ergründen.

Es scheint so zu sein. Der Zufall ist intelligent. Er bietet mir etwas an, ich muss nur zugreifen. Selbst wenn ich konsequent suche, spielt er dabei eine große Rolle. Denn finden kann ich nur was es auch gibt - und es gibt immer mehr was ich finden kann.

Auf meiner Suche im Internet finde ich die Adresse des Strindberg Museums in Saxen und fahre hin. War es bisher bloßes interpretieren, vergleichen, verstehen wollen, rollt sich nun eine Logik auf, die erklärt, wie man sein späteres Leben gestaltet - und im Prinzip fort führt, auch wenn man es zum Teil in sein Gegenteil verkehrt. Es sind einige, wenige Worte die ich dort lese. Aber sie genügen, um eine bisher verschlossene Türe zu öffnen, die zu wieder neuer Erkenntnis führt.

Es mag paradox klingen, wird aber verständlich, sobald man die Gedanken weiter spinnt. Wir verspüren oft Wünsche, die einander zu widersprechen scheinen. Das paralysiert uns, weil wir uns für einen Wunsch entscheiden müssen. Wozu wir nicht immer imstande sind. Zumindest mir geht das oft so. Ich will schon als Kind etwas Besonderes tun und sein, habe aber Angst davor berühmt zu werden. Meine Zeit werde noch kommen, meine ich. Die Angst vor dieser kommenden Zeit bleibt. Weil manchmal alte Wünsche aus früheren Leben ausgelebt werden wollen, die gar nicht mehr ins neue Lebenskonzept passen; weil alte Ängste gegen neue Wünsche stehen, kommt es zu inneren Konflikten. Man weiß nicht was man will und wenn doch, so weiß man nicht warum. Das ist der Grund weshalb ich unbekannt bleiben will und es auch bleibe. Obwohl es mich andererseits dazu treibt, den alten Wunsch nicht zu überwinden. Dieser Antrieb kommt nicht aus meinem eigenen Wünschen, sondern aus äußeren Ereignissen, die mich immer wieder in eine bestimmte Richtung zwingen. Das wirft die Frage auf: schaffe ich diese äußeren Ereignisse in Wahrheit selbst?

31

In diesem Leben leide ich oft und ausgiebig. Unter anderem unter einem furchtbaren Schreibzwang, der sich bereits im Volksschulalter bemerkbar macht. Ich schreibe unzählige Hefte voll mit Romanen, die nie vollendet werden. Anfangs nur brav zu Hause, als ich noch die Volksschule besuche. Zwar angeblich ein sehr schlimmes Kind - was mir nicht bewusst ist, aber ich bin auch eine gute Schülerin, die zuhört, was die Lehrerin sagt. Etwas anderes kann man auch schlecht tun. Da finde ich Schule noch schön und interessant. Mein Leidensweg beginnt im Gymnasium, als ich ungefähr zehn Jahre alt bin. Plötzlich stelle ich meine Mitarbeit total ein, schreibe nicht mehr zu Hause, sondern unter der Bank, statt aufzupassen. Ich werde natürlich, wie könnte es auch anders sein, denn Pech habe ich immer genug in meinem Leben, auch dabei erwischt. Die Lehrerin war offenbar eine besonders gut ausgebildete Pädagogin, denn sie liest meinen Roman laut vor. Dabei macht sie sich lustig darüber, vor allem über den Namen der Hauptperson. Es ist ein Herr Winter, den ich erschaffen habe, was sie überaus komisch findet. Wahrscheinlich hätte ich diesen Namen schon lange vergessen, ohne diese unangenehme Episode. Sie ist die Einzige, die über mein Werk lacht. Die Kinder sind mucks mäuschen still, was ich als Zustimmung deute. Das gibt mir einerseits das Gefühl, auf dem richtigen Weg zu sein. Deshalb kann sie mein Selbstwertgefühl in dieser Hinsicht nicht erschüttern. Ich weiß nicht, ob das ihr Ziel ist, oder ob sie mich nur dazu bewegen will, nicht mehr zu schreiben. Wahrscheinlich ist beides erhofft. Was immer sie auch erreichen will, sie kann es nicht.erreichen. Dafür hasse ich sie von dieser Zeit an. Ich schreibe weiter meine unvollendeten Romane unter der Bank und arbeite noch weniger mit als bisher.

Später verfasse ich Kurzgeschichten die tatsächlich fertig werden und schicke sie auch an Zeitschriften. Natürlich wurden sie abgelehnt. Wir haben keine Schreibmaschine. Wie Strindberg schreibe ich sie mit der Hand. Allerdings nicht mehr mit der Feder, sondern mit einer Füllfeder. Man macht sich sogar die Mühe sie zurück zu schicken, anstatt sie in den

Papierkorb zu werfen. Ein netter kleiner Brief liegt auch dabei. Wahrscheinlich haben die Leute gesehen, dass ich ein Kind bin. Es macht mich nicht einmal traurig, weil ich irgendwie Angst davor habe, meine Geschichten in einem Heft, oder einem Buch lesen zu müssen. Es gibt in dieser Beziehung immer einen inneren Konflikt. Schon seit der Kindheit. Der Zwang zu schreiben steht der Angst vor dem Erfolg gegenüber.

Ich schreibe und schreibe weiterhin, vernichte auf diese Weise tonnenweise Papier, das allesamt im Papierkorb landet. Meine Tochter hält mich für eine Schriftstellerin, weil sie mich nur schreibend kennt. Bis zum Jahr 2007 veröffentliche ich nichts - außer im Internet auf meiner eigenen Homepage und einigen Leserbriefen in Zeitungen. Diese Veröffentlichungen erlaube ich mir, weil es weder Theaterstücke noch Romane sind. Auch Strindberg schrieb zeitweise in Zeitungen. Was er nie ablehnte. Im Gegensatz zu seinen anderen Tätigkeiten.

Er war fleißig. Ich bin genauso fleißig. Nur in dieser einen Hinsicht, denn anderen Beschäftigungen gehe ich nicht so vehement nach. Wenn man bedenkt, dass viele seiner Werke nicht veröffentlicht wurden, weil er sich nicht verkaufen konnte, ist es nicht so schlimm und auch nicht verwunderlich, dass ich es nicht schaffe, ein Buch einem Verlag anzubieten. Denn tief in mir fühle ich immer Angst davor. Der folge ich. Es entspricht der Logik, die sich aus den Wünschen Strindbergs ergibt: Ich probiere es nicht, denn ich bin viel zu unsicher und schüchtern, um einem Verleger die Türe einzurennen. Das ist leider auch eine Eigenschaft, die ich mit ihm teile. Zumindest mit dem späten Strindberg. Andererseits folge ich auch seinen Bemühungen, wissenschaftliche Werke zu verfassen - die auch er selbst verlegen musste. So wie ich es jetzt mache.

Strindberg war schüchtern und scheu. Er verdiente relativ wenig, fühlte sich manchmal betrogen und das nicht ganz zu Unrecht. Künstler und Schriftsteller müssen sich verkaufen können. Das lag ihm nicht, so wie es auch mir nicht liegt. Dieses Problem umgehe ich, indem ich sinnlos schreibe, weil

33

meine Geschichten kein Ende haben, wie Strindbergs "Jakob ringt". Ich muss sie nicht verkaufen und ich muss mich nie der Wahrheit stellen - kann ich es, oder kann ich es nicht? Auch in dieser Hinsicht gibt es noch eine weitere Logik meines Verhaltens. Meine Geschichten sind - im Gegensatz zu den seinen - erfunden. Diese Tatsache allein macht eine Fertigstellung, oder sogar Veröffentlichung unmöglich. Das wäre gegen sein Prinzip. In Wahrheit will ich über mich selbst schreiben, will und kann nichts erfinden, sondern nur das wahre Leben beschreiben - und kann es doch nicht. Denn der Gedanke quält mich, damit in das Leben anderer einzugreifen, indem ich diese Menschen quasi an den Pranger stelle. Das ist der wahre Grund, weshalb ich nie einen Roman und nie ein Theaterstück fertig schreibe. Ich erlaube mir nicht, die Wahrheit zu schreiben und verbiete mir, etwas zu erfinden. Ich arbeite tatsächlich fleißig - aber prinzipiell für den Papierkorb. So gerate ich gleichzeitig auch nie in Gefahr, berühmt zu werden, oder gar Geld damit zu verdienen.

Strindberg äußerte seine Gedanken zum Ruhm: *"Ich kann dir sagen, es kommt der Augenblick, da besitzt du den Ruhm und möchtest ihn anspucken. Dann ist es so leer, so öde um dich und du würdest gerne die Lorbeeren gegen einen Kranz Rosen tauschen."*

Er hat sich Ruhm und Ehre teuer erkaufen, oder besser, verdienen müssen. Doch wie immer in diesem Leben, nehmen wir mit dem Licht, nach dem wir verlangen und streben, auch den Schatten mit in Kauf. Die Sucht nach Rum mag aus einem noch früheren Leben stammen. Ich habe sie überwunden. Nicht bloß weil ich Angst vor der Öffentlichkeit habe. Ruhm bedeutet mir tatsächlich nichts. Was ich hier und jetzt mache ist alleine für mich selbst. Es ist Teil meiner psychischen Entwicklung, eine Krücke die mir helfen soll, mich aus den Fesseln der menschlichen Natur zu befreien, welche ich verachte.

Wer im Blickpunkt der Öffentlichkeit steht, macht sich auch zum Ziel von Angriffen, die über das normale, alltägliche hinaus

34

gehen. Strindberg machte sich auch noch zusätzlich Feinde. Etwa weil er die Wahrheit sagte. Freunde machte er oft in seinen Werken schlecht. Er schrieb aus dem Leben, ihrem Leben, ab. So gesehen war er ein Gedankendieb und benützte die Menschen die er kannte, die ihn zuvor mit offenen Armen empfangen hatten, als Material für seine Stücke, Romane und Geschichten. Ob er sich dabei immer an die Wahrheit hielt? Wer kann das mit Sicherheit sagen? Vielleicht sehen aber auch nicht alle Menschen die Wahrheit, wenn sie selbst davon betroffen sind. Seine dritte Frau schildert beispielsweise eine Einladung total gegensätzlich, wie Strindberg sie darstellt. Während sie erzählt, wie fröhlich die Menschen waren, wie fröhlich auch Strindberg selbst war, schreibt er später, alles sei schlecht verlaufen und die Gäste seien böse Leute gewesen. So zwingt man die Menschen direkt zur Feindschaft. Ich bin da etwas vorsichtiger. Man könnte sogar sagen übervorsichtig. Unlogisch? Bei weitem nicht! Er bereute zutiefst und schwor seinem Verhalten ab.

In einem Theaterstück muss man wegen der Dramaturgie das Material auf dem man aufbaut, auch manchmal verändern. Das Erlebte ganz genauso beschreiben wie es ablief, geht nicht immer. Von manchen wurde das auch verstanden. Strindberg war bei weitem nicht der einzige Dichter, der sich an das reale Leben hielt. Manche Autoren die selbst über andere in ihren Werken her zogen, waren zutiefst beleidigt, wenn ihnen dasselbe Schicksal durch andere blühte. Sein Problem war die kleine Welt, in welcher er sich bewegte. Jeder kannte jeden und deshalb erkannte man auch leicht, über wen er gerade schrieb. Schweden war für ihn zu klein.

Zeitweise quälte ihn scheinbar ein Verfolgungswahn. Ich sage absichtlich scheinbar, denn er wurde auch wirklich verfolgt. Intrigen wurden gesponnen, von denen man zu seiner Zeit nichts wusste. Strindberg hatte sich einige Zeit über in einen Freundeskreis begeben, der für ihn zerstörerisch war. Schriftsteller, Okkultisten und Künstler, von denen einige Psychopathen waren. Reichlich Alkohol und Drogen taten ein übriges. Mehrmals schrieb er, seine Freunde um Verzeihung zu bitten, für das was er ihnen angetan hat. Waren es wirklich Freunde? Oder doch nur Bekannte, vielleicht sogar Feinde, welche sich hinter der Maske freundlicher Verbindlichkeit verbargen? Er schämte sich nicht nur zutiefst für den zeitweiligen Vertrauensbruch, sondern er fühlte sich im Unrecht. Denn selbst dort wo er vielleicht Recht hat, setzt er sich ins Unrecht, indem er an die Öffentlichkeit zerrt, was ihm im Vertrauen mitgeteilt wurde. Von den Betroffenen, oder doch von anderen? Tratsch und Klatsch suchte er in seinen späteren Jahren, um Skandalbücher verfassen zu können. Damit hatte er den größten Erfolg. Diese Bücher waren gefragt. Höchstpreise wurden für vergriffene Ausgaben bezahlt. Die Menschen gierten nach Informationen über die Geheimnisse der Prominenz. Andererseits - soweit es sich um Verbrechen, oder um grobes Unrecht handelt - scheint eine Öffentlichmachung der einzige Weg zu sein, den Ausgleich wieder herzustellen. Doch das empfand Strindberg wohl nicht so. Der Büßer wollte büßen. Sowohl für tatsächlich begangenes Unrecht, als auch für gerechtes Aufdecken. Weil er in einen Zwiespalt geraten war - zwischen Loyalität und Gerechtigkeit. Auch seine Familie litt unter Veröffentlichungen intimster Geheimnisse. Ich schäme mich nachträglich für ihn. Und doch bin ich froh darüber. Wie könnte ich sonst meine Beweisführung gestalten? So hat auch der ärgste Verrat einen tieferen Sinn.

Ist es nicht logisch, wenn ich unfähig bin, über mich selbst und meine eigene Geschichte zu schreiben, aus Angst davor, andere Menschen damit zu berühren? Diese Furcht ist ungeheuer stark und sie hält mich seit Jahren, ja sogar seit Jahrzehnten zurück. Vielleicht habe ich unbewusst gesühnt, weil Strindberg sich als Büßer verstand und glaubte, für seine Sünden bestraft zu werden, die er allerdings nicht immer als solche bewusst erkannte. Seine Sünden bestanden nicht nur darin, Freunde und Ehefrauen öffentlich zur Schau zu stellen - egal ob seine Behauptungen nun richtig, oder falsch waren - sondern auch darin, einfach seine Meinung zu sagen. Im direkten Umgang mit anderen war er zwar meistens, wenn auch nicht immer, freundlich und rücksichtsvoll, in seinen Werken hingegen kannte er keine Gnade. Es gab sogar eine Zeit, da wagte er nicht, irgendwelche Kritik an alltäglichen Dingen laut zu äußern. Er schrieb Briefe, in denen er sich über das Essen beschwerte, weil er Streit vermeiden wollte. Habe ich auch einmal gemacht, aber nicht wegen dem Essen. Je älter er wurde, desto mehr hielt er sich zurück und was er in seinen Stücken früher seine Darsteller offen aussprechen ließ, versteckte er später so sehr, dass niemand sich mehr in ihnen erkannte - was er jedoch auch wieder offen sagte. Er amüsierte sich über die Leute, die aus Unverständnis über sich selbst lachten, wenn sie im Theater seine Stücke ansahen.

Jetzt habe ich einen anderen Weg gefunden, der den Menschen die mir nahe stehen, hoffentlich nicht zur Belastung wird. Den Weg der Wissenschaftlichkeit. Trotzdem bleibt mir der Gedanke erhalten, ich würde für irgendetwas büßen - etwas Schreckliches - das ich irgendwann einmal getan habe. In einem anderen Leben, einer anderen Zeit. Schon lange vor meiner Erinnerung begleitet mich diese fixe Idee, ich müsse ein furchtbares Verbrechen begangen haben. Obwohl ich keine Ahnung habe, wann das gewesen sein soll. Wie einen schweren Rucksack, schleppe ich seit meiner frühesten Kindheit ein unbeschreibliches Schuldgefühl mit mir herum.

Strindberg war also ein Büßer, was ihm so mancher Zeitgenosse auch bescheinigte. Als sei er direkt aus dem Mittelalter in die neue Zeit katapultiert worden, erschien er seinen Mitmenschen. Behaftet mit Ansichten und der Denkweise aus einer längst vergangenen Epoche. Immer wieder tauchte die mittelalterliche Idee der Buße bei ihm auf. Jeder Schicksalsschlag, jedes Problem empfand er als Strafe für irgendwelche Sünden, die er vielleicht begangen hatte. Vielleicht - denn er wusste es nicht - unterstellte es jedoch. Wie könnte man für vermeintliche, oder echte Verfehlungen besser büßen, als im nächsten Leben? Es bietet die Möglichkeit, sich zu versagen was man früher wünschte, oder gar besaß. Oder das auszuleben, was man anderen angetan hat.

Vieles was man Strindberg vorwarf mag Verleumdung gewesen sein. Langsam erkenne ich den Menschen Strindberg, der sich verzweifelt bemüht und der doch scheitert. Aber auch den Verleumdeten, zu Unrecht Angegriffenen. Ich verzeihe mir vieles, weil ich begreife wie verstrickt er war und wie sehr er unter Druck stand. Verzeihe ihm und auch mir selbst. Weise Buße als falsch zurück, söhne mich mit ihm aus und in Folge dessen auch mit mir. Langsam und zaghaft, aber Schritt für Schritt.

Kata Dalström, eine Sozialdemokratin, die ihn gut kannte und zwei Sommer und Winter Freundschaft mit ihm pflegte meinte, alle hätten behauptet, August Strindberg sei rücksichtslos, boshaft und seinen Freunden gegenüber unzuverlässig. Sie hingegen entdeckte keinen einzigen hässlichen, oder unfreundlichen Zug an ihm. Oder kam es auch auf das jeweilige Gegenüber an, wie er sich verhielt? Waren sie denn perfekte Gegenüber, die nie boshaft, oder rätselhaft sein konnten? Man sollte einen Menschen wohl nicht nur auf Verhaltensweisen reduzieren, die sie einem zeigen, denn oft provoziert man diese durch eigene Schuld.

Einer der größten Verleumder war der Pole Przybyszewski, der sich als Satanist betrachtete. Dieser hatte die Nähe Strindbergs gesucht, sich als Freund ausgegeben, um ihn später schlecht zu machen. Strindberg löste sich aus dessen Einfluss auch durch die Unterstützung seiner österreichischen Frau. Sie war intelligent und selbstbewusst genug, um zu erkennen wie psychopathisch veranlagt dieser Mann war. Strindberg sagte sich nach seiner Heirat mit Frieda Uhl von den Freunden aus dem Ferkel-Kreis, zu denen der Pole gehörte, los und sprach nun abfällig über sie. Wer die Hintergründe nicht kennt, mag das als Verrat an den Freunden ansehen. Aber wer weiß, dass diese scheinbaren Freunde durch ihr Verhalten Seelen zerstörten und teilweise sogar des Mordes verdächtig waren, kann seine Entscheidung verstehen. Der "Ferkel-Kreis" war geradezu ein Hexenkessel an Bösartigkeit und Niedertracht. Durch und durch frauenfeindlich und krank. Strindberg rettete sich vermutlich nur durch die Hilfe seiner Frau, denn alleine war er dazu zu schwach. Gerade noch rechtzeitig kehrte er um, geriet aber leider in eine neue Falle. Frieda war auf eine andere Weise psychisch krank. Sie wollte ihn beherrschen. Schließlich wollte sie sogar seinen Sohn aus erster Ehe, dessen Mutter entreißen, um ihn aufzuziehen. Während sie selbst kein Kind gebären wollte und direkt Hass für ihren Ehemann empfand, nachdem ES doch geschah. Ihre Tochter Kerstin überließ sie der Mutter. Auch einen Sohn aus einer späteren Verbindung schob sie ab.

Strindberg ahnte, wusste aber nicht sicher, dass gegen ihn intrigiert wurde. Man nahm ihn ja auch nicht ernst, sondern hielt ihn für einen paranoiden Verrückten. Bis heute wird ihm dies immer wieder unterstellt. In Wahrheit war alles ganz anders.

Ein Brief von Lidforss an Przybyzewski vom 18. Juni 1894 scheint zu beweisen, dass Strindberg mit seinem Verdacht richtig lag: *„Ja, Strindberg muss unschädlich gemacht werden, das ist mein „praetera censeo" (...) Meiner Ansicht nach müssen wir beide alles tun, um ihn zu vernichten. Was mich angeht, so werde ich ein paar Bomben in Stockholm legen, die ihm jede weitere Möglichkeit zu einer Existenz dort vereiteln werden. Ich schwöre, dass ich alles tun werde, um ihn zu vernichten, nicht nur materiell, sondern auch geistig, da der Arme mit seinem beschädigten Hirn im Augenblick ja doch ein äußerst lästiger Feind ist, wenn auch auf die Dauer nicht gefährlich."* (Gundlach, der andere Strindberg Insel TB 141)

Der Ruhm und die öffentlichen Angriffe gegen ehemalige Freunde, bzw. solche die behaupteten es gewesen zu sein, führte eben auch zu Feindschaften, die nicht unbedingt harmlos waren. Darüber schreibt ein anderer "Freund" Strindbergs ganz offen. In seiner Wut hatte er sich vorgenommen, den Dichter, der ihn zum Objekt seiner literarischen Produkte gemacht hatte, zu ermorden. Das Vorhaben setzte er zwar nicht in die Tat um, man erkennt aber, dass der angebliche Verfolgungswahn nicht unberechtigt war.

Folgendes wollte der Satanist Przybyszewski den Lesern (mit seinen eigenen Worten) glauben machen: *„Wie unendlich kleinlich wäre meine Rache, wenn ich mich über alle schweren Kränkungen, die mir Strindberg zufügte, und über alles, was ich mit ihm durchmachen musste, des Langen und Breiten auslassen wollte. Das eine steht fest: Wenn er aus dem Grab wieder auferstünde, würde ich seine Hände mit der gleichen Verehrung und Bewunderung küssen, mit der ich sie küsste, als ich ihn kennen lernte. Ihn verblüffte diese Ehrenbezeigung. Ich lächelte: „Polnische Perversität!" Ich kenne in der gesamten europäischen Literatur keinen Künstler, der mit so wütender Raserei wieder und wieder sich selbst analysiert hätte! Welches Werk man auch immer zur Hand nimmt, überall und immer: Er, er, er!"*

... und gibt sich damit als Feind zu erkennen, der in Wahrheit Rache möchte und sich deshalb selbst als Opfer darstellt. Was an ihm nicht ungewöhnlich ist, denn das probierte er bei vielen anderen auch. Rache an einem Toten, dem er auf andere Weise nicht mehr schaden kann und von dem er glaubt, der könne nicht mehr zum Gegenschlag ausholen. Strindberg steht aber nun (in meiner Gestalt) aus seinem Grab auf, um sich zu wehren – doch wo ist Przybyszewski? Eine seltsame Parallele zu dessen Äußerung möchte ich hier am Rande erwähnen. Da ich unter anderem auch Zufälle sammle, passt sie sehr gut hier herein. Gerade jetzt wo ich dieses Buch wieder zur Hand nehme und den alten Text korrigiere, aber auch mit Teilen der 2. Ausgabe verbinde, habe ich ein seltsames Erlebnis. Jemand der mir sehr nahe steht und gerade nicht gut auf mich zu sprechen ist, erklärt mir aus einem nichtigen Anlass heraus: "Immer nur du, du, du ...", obwohl ich in meinem derzeitigen Leben immer hinter anderen zurück trete, mich wortlos ausnützen lasse, nachgebe wo es nur möglich ist und mich selbst verleugne. Die Buße ist offenbar noch lange nicht zu Ende. Aber: ich analysiere mich tatsächlich immer und immer wieder - auch das seit frühester Kindheit - und was ich auch immer schreibe, beschäftigt sich letzten Endes auch immer mit mir selbst. Aus gutem Grund. Meine Probleme muss ich lösen, meine Fehler korrigieren, mich selbst verändern. Anderen Menschen kann ich nicht helfen, ich kann ihnen nur ein Vorbild sein. Ob im Guten, oder im Schlechten, zum Nacheifern, oder als warnendes Beispiel.

In seinem Roman verpasste Strindberg dem feindseligen Przybyszewski den Namen Popovski. Eine Ironie dieses, meines Schicksals, ob selbst gestaltet, oder von einem höheren Willen befohlen: Meine Vorfahren großväterlicherseits waren Polen und unter diesen Polen gab es jemanden namens Popovicz. Zwar keine absolute Übereinstimmung, aber doch ziemlich ähnlich. Man könnte sagen: fast getroffen. Allerdings gibt es in meinem Leben nicht nur verwandtschaftliche Beziehungen zu Polen, sondern auch sehr negative zu Menschen aus Polen. Aber darauf kann ich in diesem Rahmen nicht näher eingehen.

Wenn ich mich auf diesem Wege schon gegen den unsäglichen Przybyszewski nachträglich zur Wehr setze, dann soll das aber auch ordentlich geschehen. Da der Pole einer der größten und gefährlichsten Feinde Strindbergs war, soll er auch einen besonderen Platz in diesem Buch einnehmen. Denn was die Beziehung zwischen Strindberg und dem Satanisten angeht, braucht es ein eigenes Kapitel. Die Beziehung der Beiden zueinander war relativ kurz, aber extrem schmerzhaft - für Strindberg.

Seine Laufbahn begann „der Pole" als Journalist, verfasste aber bald auch Romane. Er beschäftigte sich mit Okkultismus und Satanismus. Da wir heute in einer Zeit leben, wo Satanismus noch, oder schon wieder "modern" ist, kann man selbstverständlich sein Buch "Gnosis des Bösen" kaufen. Auf "Satanisten-Seiten" findet man zustimmende Kritiken, also scheint er bei solchen Leuten noch immer gut anzukommen. Jeder liest eben am liebsten, was ihm genau das sagt, was er

41

hören, respektive lesen möchte. Im Grunde genommen schreibt man immer für ein ganz bestimmtes Publikum – und zwar auch genau das was dieses fordert, oder erwartet. Man verändert die Menschen nicht, sondern man zeigt ihnen, was sie denken. Manche leiden unter der Illusion, sie würden den Leser, oder die Leserin formen, aufklären, beeindrucken. Sie meinen es würde dem schriftstellerischen, oder dem künstlerischen Genie große Bedeutung zukommen. Die Wahrheit ist banal. Jeder Leser ist nichts weiter als ein Kunde und der sucht sich die Literatur und die Kunst, welche ihn selbst in der eigenen, zumindest unterschwellig bereits vorhandenen Meinung bestätigt. Was dieser zuwider läuft, legt Mann und Frau – in diesem Fall spielt das Geschlecht keine Rolle – sofort beiseite. Geht jemand mit einer bestimmten Idee schwanger, weiß aber noch nicht wie das Kind aussehen wird, glaubt er Neues erfahren zu haben sobald er ein Buch liest, welches ihn scheinbar aus dem alten Trott reißt. Dann fühlt er sich aufgeklärt. In Wirklichkeit lebt der neue Gedanke bereits in ihm, er erkennt ihn nur noch nicht. So kommt es, dass sogar Leute wie Przybyszewski Anhänger finden können, obwohl fast alles was dieser Mann jemals von sich gab, schwachsinniger Unfug war; sofern er es nicht von jemand anderem geklaut hatte. Denn Ideen stehlen war seine größte Begabung.

Sein Studium der Medizin, das er nach einem abgebrochenen Architekturstudium begann, musste er ebenfalls abbrechen; wie er behauptete, wegen sozialistischer Agitation, während es in Wahrheit "Vernachlässigung der Bildung" war. Er log gerne und viel und deshalb hielt er jeden der ihm begegnete, auch für einen Lügner.

Przybyszewski war Teil einer nicht ganz neuen europäischen Kultur, welche sich gegen die Unterdrückung des Menschen durch die Religion wehrte. Er war für sexuelle Freiheit, wobei er sich anfangs an Strindberg orientierte. Oder sagen wir besser, von diesem hatte der Pole die Idee übernommen und wenn er sagt, Strindberg und er seien die einzigen und die ersten gewesen, die für sexuelle Freiheit plädierten, weiß man schon

42

woher der Wind weht. Strindberg verstand unter sexueller Freiheit allerdings etwas anderes als er.

Auf der einen Seite ließ Strindberg sich in den Bann des Okkultisten ziehen, auf der anderen rebellierte er dagegen. Wer nun von beiden rechthaberisch war, oder welcher von beiden den anderen darin übertraf, mag dahingestellt sein. Strindberg war jedenfalls ein Menschenkenner und deshalb spürte er sehr bald, wie gefährlich der Pole für ihn war. Der wollte - im Gegensatz zu Strindberg - Macht über andere ausüben. In diesem speziellen Fall gelang es ihm nicht auf Dauer und das dürfte der Hauptgrund für den Hass sein, den er Strindberg entgegen brachte.

Es war eine Zeit der Esoterik und des Okkultismus, welche alle Gebiete des Lebens durchdrang. Quasi als eine Gegenreligion in verschiedener Gewandung, die sich zu bilden begann. Man griff auf heidnische Religionen und alte Kulte Europas zurück, aber auch auf Hinduismus und Buddhismus und schuf daraus neue Gebilde. Es wurden Séancen abgehalten, man gründete esoterische Zirkel und Logen. Der psychische Zustand der vielen Drogensüchtigen, die von ihrem Leiden nichts wussten, mag so manche „paranormale" Erscheinung begünstigt haben. Man darf deshalb nicht alles wörtlich nehmen, was die Leute damals angeblich erlebten. Vieles davon war reiner Drogenrausch. Strindberg war nie Teil dieser Subkultur, denn dafür war er zu wankelmütig. Obwohl er auch in solchen Kreisen zeitweilig verkehrte und in okkultistischen Zeitschriften veröffentlichte, distanzierte er sich immer wieder davon. Mitglied in einer Vereinigung zu sein lag ihm nicht. Er weigerte sich auch strikt, in einen esoterischen Zirkel einzutreten, als er dazu aufgefordert wurde.

Das habe ich ebenfalls mit ihm gemeinsam. Die Abneigung gegen Zirkel, Vereine und sonstige organisierte Gemeinschaften ist mir offensichtlich schon in die Wiege gelegt worden. Als ich die Volksschule besuche gibt es zwei Gruppen von Kindern, die einander bekämpfen. Ich will weder der einen,

43

noch der anderen angehören. Im Gymnasium wiederholt sich dies, obwohl ich eine reine Mädchenschule besuche. Man sollte meinen, Mädchen würden weniger zur Gruppenbildung neigen als Buben. Aber anscheinend unterscheiden sich die Mädchen von den Burschen in dieser Hinsicht nicht, sobald sie ganz unter sich sind. Meine einzige Freundin und ich halten uns abseits. Alle anderen fügen sich in eine der zwei Gruppen brav ein. Trotzdem werden wir nicht als Außenseiter betrachtet. Im Gegenteil freuen sich die Mädchen, sobald ich mich ihnen zuwende. Die Abneigung Gruppen gegenüber, also irgendwo dazugehören zu müssen, bleibt mir mein ganzes Leben über erhalten. Versuche ich einmal über meinen Schatten zu springen, kann ich dies nicht lange aushalten - und gehe wieder. Wie Strindberg, erhalte ich in späteren Jahren sogar ein Angebot, mich einer esoterischen Gemeinschaft anzuschließen – allerdings übers Internet, ohne vorherige Bekanntschaft. Ob es ernst gemeint war oder nicht, alleine die Tatsache der Konfrontation mit dieser theoretischen Möglichkeit, ist schon bemerkenswert „überzufällig", da ich nie versucht hatte irgendwo Anschluss zu finden. Mit Okkultismus beschäftige ich mich im Internet auch gar nicht. Selbstredend lehne ich sofort ab, ohne lange nachzudenken.

Was der Pole in seiner Jugend an Hexengeschichten gehört haben mag, weiß man nicht. Davon berichtete er nicht, aber er behauptete, als Kind einer Hexe begegnet zu sein, die ihn erfolgreich verhext habe und nur ein Gegenzauber hätte ihn geheilt und die böse Hexe sei dadurch getötet worden. Ob er diese Geschichte bewusst erfunden hatte, oder sie wirklich glaubte, kann man nicht feststellen. Da er aus einer abergläubischen Gesellschaft stammte, in der noch immer der Hexenglaube weit verbreitet war und mit diesem einhergehend ein sehr negatives Frauenbild, wäre es möglich, dass er tatsächlich an die Existenz von Hexen glaubte.

Seine diesbezüglichen Kindheitsängste hat Przybyszewski offensichtlich später in seinen Werken verarbeitet, leider anscheinend ohne sie auch loszuwerden. Kurz ließ sich Strindberg von dem abstrusen Hexenglauben anstecken.

In meinem Leben gibt es keine besonders stark ausgeprägte Parallele zum Hexenglauben. Damit beschäftige ich mich nur am Rande und das auch erst in späteren Jahren. Da Strindberg nur kurze Zeit über in den Bann Przybyszewskis geriet, scheint das Thema Hexenglaube auch nur eine eher sich abschwächende Geschichte zu haben. Aber weil es in Strindbergs Leben auftaucht, dürfte es vielleicht in einem Vorleben doch eine gewisse Rolle gespielt haben. In der einen, oder anderen Weise. In diesem Leben beschäftigt mich das Thema jedenfalls nicht. Trotzdem kann ich behaupten, einer (angeblichen) Hexe begegnet zu sein. Die Frau behauptete dies von sich selbst. Eine Arbeitskollegin lädt mich einmal zu sich nach Hause ein. Dort treffe ich auf ihre Mutter, die aus der ehemaligen DDR stammt und dort auch noch Verwandte hat. Offenbar nimmt sie die mittelalterlichen Hexerei Anschuldigungen ernst, denn sie meint, ihre Vorfahren hätten in einer Gegend gelebt, in der es viele Hexenprozesse - also viele Hexen - gab. Man kann sie nicht mit den jungen Frauen vergleichen, die heute einfach so zur Hexe werden, weil sie sich dazu hingezogen fühlen und eine neue Religion suchen. Bei ihr geht es um den angeborenen Glauben, von echten Hexen abzustammen. Sie betreibt allerlei Zauber. So gesehen kann man schon von einer Themen Fortsetzung von einem Leben zum anderen ausgehen.

Przybyszewski zog in mehrfacher Hinsicht falsche Schlüsse, die aufgrund der damals doch relativ großen Bekanntheit seiner Schriften, von anderen dankbar übernommen wurden. Seine Irrtümer wurden von der völkischen Bewegung, später auch vom Feminismus der 1960er und 70er aufgegriffen. Heute wirkt sie noch in neuheidnischen Bewegungen nach. Auch die Nationalsozialisten versuchten zeitweise, auf Przybyszewskis Schlussfolgerungen aufzubauen. Aus einem künstlich erschaffenen Mythos lässt sich eben leicht ein neuer, noch passenderer Mythos konstruieren. Man richtet sich angebliche

Wahrheiten, wie man sie gerade braucht, biegt sie sich zurecht und stützt so die jeweils erwünschte Meinung. Eigentlich erschütternd wie naiv Feministinnen sein können und wie nahe linkes und rechtes Gedankengut manchmal einander sein kann.

Im Gegensatz zu Przybyszewski war Strindberg seinen Frauen treu, selbst wenn er verreiste und Gelegenheit zu einem Seitensprung gehabt hätte. Das schreibt er sehr deutlich und daran ist auch nicht zu zweifeln. Dass er in Zeiten in denen er unabhängig war, aber auch freie sexuelle Beziehungen einging, ist nicht verwunderlich. Er war kein Frauenverächter, oder Hasser. Seine Frauen liebte er, verehrte sie, konnte aber nicht mir ihnen umgehen - und sie nicht mit ihm. Das mag verschiedene Gründe gehabt haben. Im Laufe dieses Buches wird sich noch heraus kristallisieren, wieso Strindberg ein schwieriger Mensch war.

Auch hier gibt es wieder eine Übereinstimmung mit meinem Leben. Treue ist für mich selbstverständlich. Undenkbar wäre es für mich, mit einem anderen Mann eine Beziehung einzugehen. Umgekehrt ist es allerdings auch so. An diesem Beispiel zeigt sich, dass uns manche eigene Verhaltensweisen des vergangenen Lebens, von außen wieder entgegen kommen. Andererseits bin ich der Meinung, wer ungebunden ist, kann tun was er/sie will, solange niemand zu Schaden kommt. Das verstehe ich unter Freiheit. Genau das hat auch Strindberg gemeint.

Przybyszewski litt an der Welt und am Leben und sein Selbstmitleid ließ ihn rücksichtslos gegenüber anderen handeln. Er litt, also sollten auch die anderen leiden. Zumindest behauptete er zu leiden. Was ja an und für sich für einen jungen Mann um die Zwanzig auch nicht ungewöhnlich ist. Ungewöhnlich ist vielleicht die Art und Weise, wie er mit seinem Leid umging. In erster Linie betrank er sich und wenn er trank, war er auch schnell besoffen. Auch in dieser Beziehung unterschied er sich total von Strindberg, denn der trank zwar viel, wirkte aber immer nüchtern. Wieder zeigt sich also der

Lügner und Heuchler, der über andere herzieht und ihnen vorwirft, was er in Wahrheit selbst tut. Er wirft Strindberg vor sich zu besaufen und ist dabei der größte aller Säufer. Ein Mensch der ständig anderen etwas vorwirft, was er selbst tut, oder tat, findet sich auch in meinem Umfeld.

Alkohol, Drogen und andere das Bewusstsein verändernde Mittel, sind für mich kein Thema - worauf ich an anderer Stelle näher eingehe.

Niemand weiß, wie viele böse Briefe Strindberg bekommen hatte, wie man mit ihm umging, wie er von anderen behandelt wurde. Er öffnete zumindest während der letzten Jahre seine Briefe nicht, weil er sich vor ihnen fürchtete. Stattdessen sammelte er sie in einem Schrank, den er "Giftschrank" nannte. Diese Briefe würden ihn verletzen. Davon war er überzeugt.

Mir geht es ähnlich, wenn auch nicht ganz genauso, denn Briefe bekomme ich selten, dafür viele Mails. Manchmal warte ich lange Zeit zu, bis ich bestimmte Mails die mir auffallen, öffne. Ich spüre sogar deutlich Angst hochsteigen, wenn ich es dann doch tue. Meistens stellt diese Angst sich nachträglich als berechtigt heraus. Zwar werde ich weniger beschimpft, oder bedroht, was aber auch vorkommt, dafür schickt man mir manchmal Viren. Nicht zufällig, sondern absichtlich und direkt an mich gerichtet. Denn wenn ich auch nicht einem großen Personenkreis bekannt bin, gelingt es mir doch im Laufe der Zeit, relativ viele Feinde anzusammeln. Ein Erbe aus einem anderen Leben. Vielleicht ist es unsere Aufgabe, solche Erbstücke zu eliminieren?

Was mich betrifft ist es zwar eine andere Form der Feindschaft, als diejenige die Strindberg zu spüren bekam. Sie ist nicht so sehr und nicht oft, aber doch vereinzelt rein persönlicher Natur. Meistens geht es darum, dass andere nicht glauben wollen, was ich behaupte - und zwar genau in den Bereichen, wo ich sicher Recht habe. Was Strindberg also dem Ruhm zuschrieb:

47

Einsamkeit, Feinde und Angriffe, ist ein ganz normaler Teil des Lebens. Sobald man diese Welt betritt, befindet man sich unter Feinden. Jedes Lebewesen ist ein potentieller Feind, so wie wir potentielle Feinde jedes Lebewesens sind. Ruhm kann uns sogar vor Feinden schützen. Je unbekannter und unbedeutender jemand ist, desto eher lässt man sich an ihm ungestraft aus. Der Berühmte, Beachtete, wird auch durch die Öffentlichkeit geschützt.

Im Gegensatz zu Strindberg habe ich in meinem derzeitigen Leben relativ wenig Angst und wenn, dann immer begründet und für Außenstehende nachvollziehbar. Oder besser: sie wäre verständlich, würde man mit ansehen können was passiert. Darüber schweige ich jedoch im Allgemeinen, weil ich nicht für verrückt gehalten werden will. In unserer Gesellschaft hält man gerne die Opfer für verrückt, weil man die Augen vor dem was die Täter tun, verschließt. Kann man sich die Abgründe mancher Seelen nicht vorstellen? Es gibt sie leider. Erst jetzt beginnt es langsam sich zu verändern. Man gesteht Menschen, die verfolgt und bedroht werden zu, sich weder zu irren, noch hysterisch zu sein. Elegant umschreibt man Psychoterror mit dem Neudeutschen Begriff "Stalking".

Will man es als Stalking bezeichnen, wenn einem jemand tote Vögel vor die Türe legt, alle möglichen Leute immer wieder anrufen und jemanden Bestimmten verlangen, der nicht existiert? Die mich immer nur dann anrufen, wenn ich nicht zu Hause bin, oder die im Haus einbrechen, den Ofen anheizen und oben, auf die glühenden Kohlen, ein Stück Holz legen, das bei meiner Heimkunft noch nicht angebrannt ist? Ich glaube schon. Ich könnte noch viele ähnliche Ereignisse nennen. Ob man das nun als Stalking bezeichnet, oder irgendwie anders, spielt keine Rolle. Es sind Zeichen von Feindschaft. Das wenigstens hat sich inzwischen - im Laufe meines Lebens gebessert.

Nachträglich betrachtet man vieles vielleicht ganz anders, als zum Zeitpunkt des Geschehens. Verstehen kann ich nie so richtig, wer das alles warum tut. Dabei zerbreche ich mir den Kopf fast ununterbrochen. Alles denke ich immer und immer wieder durch. Ich schwanke zwischen mehreren Theorien. Aufgrund dieser äußeren Ereignisse, die sich zum Teil auch in meinen Träumen widerspiegeln - ich möchte hier nicht näher darauf eingehen, weil das den Rahmen des Buches sprengen würde - gerate ich mit der Zeit dann doch in eine Spirale der Angst, die sich umso mehr verstärkt, je öfter und genauer meine Träume sich verwirklichen. Es scheint sich etwas von der permanenten Angst Strindbergs in mein Leben und in meine Psyche zu schleichen. Was seinen Höhepunkt darin findet, dass mir jemand ohne mein Wissen eine Droge verabreicht, die eine unbeschreibliche Psychose auslöst. Was mich rettet ist vermutlich mein Mangel an Fantasie. Denn ich fühle zwar enorme Ängste, gerate auch in einen Taumel von Paranoia, aus der seltsame Theorien entstehen, sehe aber nichts in meinem Kopf. Bis auf eine kurze Szene: Als ob sich der Himmel öffnen würde und aus ihm Licht dringt, weiß ich plötzlich mit absoluter Sicherheit: "Man setzt uns einen anderen Hut auf - und dann sind wir jemand anderer." Reinkarnation! Dieser Gedanke kommt mir erst nach vielen Jahren. In diesem Moment verstehe ich den von mir verehrten Meyrinck.

Ich kann auch plötzlich nachvollziehen, welche Ängste Strindberg ausgestanden haben muss. Denn er stand oft unter Drogen und zeitweise verabreichte man ihm in einem Getränk ein Nervengift. Wovon er aber nichts ahnte. Er war allerdings kein Einzelfall. Vom Baby bis zum Greis waren die Leute in Europa high, als Strindberg auf Erden wandelte. Was heute verbotene Suchtmittel sind, waren damals Medikamente. Heute darf man in Getränke auch keine so gefährlichen Mengen an Nervengift mischen, wie es zu Strindbergs Zeiten usus war. Ja, das waren noch Zeiten! Ein Mekka für alle Suchtgiftler. Oder werden so viele Menschen heute süchtig, weil sie es unbewusst in ihrem früheren Leben waren? Setzen sie ihr altes Leben einfach nur fort?

49

Kein Wunder waren - wie erwähnt - die Wunder der Okkultisten und der Alchemisten. Man sollte sie aus diesem Blickwinkel betrachten. Strindberg fürchtete nicht nur zurecht um sein Leben. Er hatte auch Angst vor manchen Okkultisten, deren Flüche er als reale Gefahr ansah. Er und sie lebten gemeinsam in einer Traumwelt, geschaffen aus verschiedenen psychoaktiven Substanzen.

Interessant ist in diesem Zusammenhang vielleicht auch, dass sich das hier erwähnte und mir passierte Ereignis - also als mir jemand heimlich eine Droge verabreicht - im Jänner 1996 zuträgt. Die größte psychische Krise Strindbergs, die er in "Inferno" schilderte, um 1896 herum. Sie weist also die gleiche Jahreszahl auf, wenn natürlich das Jahrhundert ein anderes ist. Zufall?

Transferiert man alte Ängste direkt ins neue Leben? Auch wenn sich mir bisher der Sinn solcher - ich möchte fast sagen Flashbacks - nicht erschließt, muss es doch eine Ursache dafür geben. Ohne Zweifel handelt es sich um das Aufleben alter Erinnerungen, die in Wahrheit frühere Leben betreffen und sich irgendwie ins neue Leben schummeln. Strindberg beschreibt mit schonungsloser Offenheit seine Ängste, die ihm den Ruf einbrachten, ein Verrückter zu sein. Nachzulesen in Inferno. Welchen Grund kann es geben, sie im derzeitigen Leben wieder hochkommen zu lassen? Mir passiert es nur einmal, ihm immer wieder, über Jahre hinweg. Kann man sie nur auf diese Weise bekämpfen: indem man sie erneut durchlebt? Dann hätte meine Angst einen tieferen Sinn - aber welchen Sinn hatte die seine?

Sehen wir uns jetzt einmal an, was ihm von Ärzten zur Beruhigung verschrieben wurde: Morphium, Kokain, Sulfonal, Bromkalium, Chloral und noch einiges andere. Dann begreift man nämlich, dass er nicht verrückt war, sondern permanent unter Drogen stand. Dazu kam noch sein übermäßiger Alkoholkonsum. Besonders zerrüttend war aber der Absynth, ein gefährliches Modegetränk. Viele Menschen gingen an ihm elend zugrunde. Er enthielt das Nervengift Thujon. Nach einem Absinthrausch treten die Halluzinationen oft erst Tage später auf, wenn man schon lange wieder nüchtern ist. Strindberg war nicht der einzige Berühmte, der Absinth trank. Baudelaire, Gauguin, Van Gogh, Hemingway, Poe, Wilde und Crawley, um nur einige zu nennen, standen auch unter dem Einfluss dieses Giftes. Sein zeitweise guter Freund Munch, endete auch als ein vom Verfolgungswahn Gezeichneter. Kein Wunder also, dass auch Strindberg sich oft rätselhaft verhielt. Sie waren allesamt Süchtige, die nichts von ihrer Sucht ahnten. Drogen öffnen die Tore des Bösen. Durch sie gelangt es auch in die Seelen der Menschen, die sich abmühen, gut zu sein. Vielleicht war auch der Pole nichts weiter als einer dieser Unglücklichen? Die Wirkung dieser Medikamente rufen genau die Symptome hervor, die Strindberg beschreibt und die auch ich erleben musste. Dazu litt er wahrscheinlich schon zu dieser Zeit an Magenkrebs, der sich vermutlich bereits schmerzhaft bemerkbar machte, aber noch nicht diagnostiziert wurde.

Manchmal glaube ich, die Erinnerung an Strindberg dient vor allem dazu, sich posthum gegen alle Verleumdungen und gegen üble Nachrede zu wehren. Er konnte sich damals nicht verteidigen. Dazu war er viel zu involviert. Wie hätte er verstehen können, was niemand verstand: dass vor allem die Ärzte für die Drogenvergiftungen der Bevölkerung verantwortlich waren. Doch ich kann es jetzt. Ist der Wunsch nach Rechtfertigung der eigentliche Grund für meine Erinnerung? Wahrscheinlich, aber sicher nicht der Einzige. Gründe gibt es dafür viele. Einige erkenne ich, andere muss ich noch finden.

51

Strindberg hat sich intensiv mit dem Thema Wiedergeburt beschäftigt. In seinen Kreisen wurde gerätselt, welche Person in einem früheren Leben etwa Napoleon gewesen sein mag. Er glaube nicht, Napoleon gewesen zu sein, lässt er uns wissen. Aber er glaubte sich an ein Leben in den Schären zu erinnern. In seinen Werken findet man viele Gedanken an Tod, Seelenwanderung, Wiedergeburt. So verwundert es auch nicht, dass ich mir schon als Kind ebensolche Gedanken machte, ohne je von Seelenwanderung gehört zu haben..

Während eines Friedhofbesuchs geriet er in einen Taumel von inneren Bildern, die auf ihn einströmten.

"*Was war das? Ich weiß nicht! Ein Sturm von Erinnerungen und Träumen, vom Anblick eines Leichensteins entfesselt und durch mein feiges Erschrecken wieder verscheucht! Doch wenn dieses Grab auch nicht Chaceau-Lagarde bergen sollte, was ich ja nicht weiß, so birgt es vielleicht ein Geheimnis, das mein eigenes Grab einst lüften wird!*"

Wie das gemeint ist, kann man nur raten. Ich gehe davon aus, dass er bereits die kommende Erinnerung im nächsten Leben erahnte. Denn ich stehe Jahrzehnte später am eigenen, seinem Grab, im Wissen er gewesen zu sein.

Was das "feige Erschrecken" betrifft, so kenne ich es gut. Immer wenn ich eine Vision habe, erschrecke ich - und verscheuche es damit.

Einen beunruhigenden Einfluss hatte seine Beschäftigung mit dem Okkultismus und mit Leuten, die behaupteten Magier zu sein. Ich kenne eine Frau, die sich in solchen Kreisen bewegt und von ihrem Mann - als sie sich scheiden ließ - prompt "magisch" verfolgt wird. Wer daran glaubt und auch noch über paranormale Fähigkeiten verfügt, wird auf Flüche und magische Verwünschungen ansprechen. Das macht mir diese Frau klar. Eine Bekanntschaft, die sehr zum Verständnis meiner eigenen Präinkarnation beiträgt.

Bei Strindberg zeigen Flüche und Verwünschungen ebenso Wirkung, wie schon angedeutet habe. Welch ein Glück, dass ich dies nicht am eigenen Körper durchleben muss, sondern eine Erzählung zum besseren Verständnis genügt. Menschen die keine hohe Sensibilität besitzen, werden sich von solchen Angriffen unbeeindruckt zeigen. Trotzdem können Flüche durch ihre suggestive Wirkung zumindest in Einzelfällen auch bei Ungläubigen zu psychischen Problemen und Ängsten führen. Berichte über die angebliche Wirkung magischer Beschwörungen, gibt es in der okkulten Literatur viele. Strindberg beschäftigte sich nicht nur damit, sondern er glaubte auch daran. Ein Zeitgenosse erzählt sogar, dass Strindberg ihm anbot, seine Feinde mit "Voodoo" zu bekämpfen, was er aber ablehnte. Vor allem, weil er an diese Möglichkeit des Kampfes nicht glaubte.

Johan mag vielen Menschen seltsam erschienen sein, weil er sich mit Okkultismus beschäftigte. Dabei gab es zu seiner Zeit viele bekannte Persönlichkeiten, die an okkulte Phänomene glaubten. Nun behaupte ich - und damit werde ich vermutlich meine Kritiker noch mehr als bisher vor den Kopf stoßen: er besaß eine starke, paranormale Veranlagung, die sich auch in seinen Träumen äußerte. Was ich bereits eingangs erwähnt habe. Sie beunruhigte ihn einerseits, andererseits erschien sie ihm auch als Segen. Nur ein Teil dieser Träume ist im okkulten Tagebuch zu finden. Die dort erwähnten Träume sind auch nicht unbedingt die eindrucksvollsten, die er je hatte.

"*Zuweilen habe ich in der Nacht Träume, die mir die Zukunft voraussagen, mich gegen Gefahren sichern, mir Geheimnisse enthüllen.*", schreibt er.

Wer solche Träume niemals hatte, kann sich nicht vorstellen wie gefährlich sie sein können, wenn man sie falsch interpretiert, oder ihre Entstehung höheren Mächten zuschreibt. Sie sind nichts weiter als Informationen, zu denen wir im Wachzustand meistens keinen Zugang haben. Menschen mit paranormaler Begabung können diese Informationen mitunter sogar unterschwellig auch bei vollem Bewusstsein erhalten. Sie tauchen dann als unerklärliche Ängste auf, oder als seltsame Gefühle, die uns dazu treiben etwas zu tun, dessen Sinn wir nicht erkennen können. Strindbergs Feinde dachten sicher oft an ihn und ihr Hass drang bis zum ihm durch. Teilweise in der Nacht, im Traum, mag er von seinem Unterbewusstsein Botschaften erhalten haben. Zum Teil könnten sie aber auch in den Drogenrausch eingeflossen und dort verzerrt erlebt worden sein.

Man hielt ihn nicht nur für einen schlechten Freund, sondern sogar für einen Anarchisten und Umstürzler. Wogegen er sich wehrte. Als man ihn damit konfrontierte, war er bestürzt. Seine Stücke wurden in Deutschland zum Teil sogar polizeilich verboten, was er in einem Brief an seinen Übersetzer erwähnt. Dieser Verdacht mag daher rühren, dass seine österreichische Frau Anarchistin war. Keine die Bomben legte, aber eine die anarchistische Ideen vertrat. Zu einer Zeit, als es zahlreiche Terroranschläge durch Anarchisten gab, konnte man leicht in ein schiefes Licht geraten. Strindberg hatte auch einige Zeit in der Schweiz gelebt. Damals ein Land, in welchem viele Anarchisten zu Hause waren. Dazu kam die Freundschaft mit Satanisten und mit Schriftstellern und Künstlern, die zwar keine deklarierten Anarchisten waren, aber sich wie solche verhielten. Sie stellten die staatliche Ordnung in Frage.

Auch hier gibt es wieder eine Gemeinsamkeit. Was damals für die europäischen Staaten der Anarchismus war, war später der Kommunismus. Mein Onkel und mein Großvater sind nach dem Krieg Mitglieder der KPÖ. Das macht nicht bloß sie verdächtig, sondern die ganze Familie. Der Onkel fährt zudem mit dem LKW oft in den damaligen Ostblock. Er arbeitet für eine Spedition, die auch das jährliche Wiesenfest der KPÖ in Wien aufbaut. Seine Freunde sind überzeugte Kommunisten. Manche verbrachten ihre Kindheit sogar in Russland. Meine Lehrzeit verbringe ich in einer Buchhandlung. Der Teilhaber des Chefs bezeichnet sich selbst als Anarchist und fordert mich auf, Bücher über Anarchismus und deren Vertreter zu lesen. Was ich natürlich auch mache. Kurze Zeit übernehme ich seine Glaubenssätze, die ich aber nie so ganz verstanden habe, denn das sind weder meine Probleme, noch meine Interessen. Später lege ich sie wieder ab. Der Mann ist Freimaurer, was er stolz erzählt. Es bereitet ihm auch keine Probleme, mir seine Freimaurer Freunde zu zeigen, die bei uns einkaufen. Angeblich tut man das nicht. Er tut es. Irgendwann stellt sich heraus, einer dieser Freunde ist ein russischer Spion. Der Freund wird verhaftet.

Johan, dieser auffällige Mensch, entging also dem wachsamen Auge staatlicher Ordnungshüter nicht. In Schweden stellte man ihn sogar wegen seiner Stücke vor Gericht. Obwohl er frei kam, wirkte dieser Prozess in seiner Seele nach. Ob er vielleicht deshalb misstrauisch wurde? Marcel Rejas diagnostizierte zwar "eine Art Verfolgungswahn" bei Strindberg, aber er hatte den Eindruck, dass der Dichter in Wirklichkeit von den weniger bedeutenden Kollegen und Neidern angegriffen wurde - und dass man in seinem eigenen Land seine Bedeutung nicht erkannte. Man muss nicht immer gesagt bekommen, was andere Menschen über einen denken. Das fühlt man.

„Wenn ein Mann faktisch verfolgt ist, so dass alles was er tut, zerrissen, bespuckt, mit Schmutz bestrichen wird; wenn er mit Prozessen verfolgt, mit Gefängnis bedroht, fälschlich beschuldigt wird Anarchist zu sein, von Land zu Land gejagt wird; bedroht mit Irrenhaus, von Geldschulden gehetzt, traktiert auf öffentlichen Plätzen; und wenn die Feinde sich im Hotel, wo er wohnt, einfinden und den Wirt warnen etc.; wenn dieser Mann, der verfolgt ist, die Vorstellung hat, er sei verfolgt, so ist das keine Wahnvorstellung oder Manie.", schreibt Strindberg.

Auf die Gefahr hin, jetzt auch seltsam zu erscheinen, oder besser gesagt noch seltsamer als bisher, stelle ich die Behauptung in den Raum, dass ich die negativen Gedanken meiner Mitmenschen oft zu erfühlen vermag. So wie auch Strindberg es konnte. Sie beunruhigen mich und diese Unruhe stellt sich fast immer nachträglich als gerechtfertigt heraus. Das beunruhigt wieder die Betroffenen. Sie fühlen sich erkannt und ertappt - was sie ja auch sind. Das wiederum führt oft zu seltsamen Reaktionen. Plötzlich werden sie offen und ehrlich. Wer sich erkannt fühlt, glaubt auf die Maske verzichten zu können. Ich kann aber, was Strindberg nicht konnte - abwarten und schweigen, statt mich offen und für alle sichtbar, aufzuregen. Man lernt offenbar aus der Vergangenheit selbst dann, wenn man sie nicht bewusst kennt.

In einer Gesellschaft die paranormale Phänomene weg leugnet, weil sie nicht ins Weltbild passen, ist es fast schon normal, als verrückt angesehen zu werden, wenn man an diese glaubt. Weil man genügend Erfahrungen damit gemacht hat, nimmt man paranormale Ereignisse ernst. Wer sie noch nie erlebt hat, wird an ihrer Echtheit zweifeln. Beweisen lassen sie sich leider nur schwer. Nicht weil es zu wenige Beweise gibt, sondern weil Kritiker Beweise gerne ignorieren, wenn sie der eigenen, krampfhaft aufrecht erhaltenen Illusion, von dem was sie für Wirklichkeit halten, widersprechen.

Ein scheinbares Indiz für Strindbergs Geisteskrankheit fanden Freunde, Kritiker, Literaturhistoriker in Strindbergs Werken selbst.

Er beschreibt mehrmals Klopfgeräusche, die ihn beunruhigten und verängstigten. Zeitweise hielt er sich wohl selbst für verrückt. Woher sie stammten lässt sich nicht feststellen. Abgesehen von bösartigen Scherzen, denen er vermutlich auch manchmal ausgesetzt war, wie man zwischen den Zeilen an manchen Stellen herauslesen kann, gibt es noch zahlreiche andere, mögliche Ursachen. Eben Nervengift und Drogen, wie vorhin bereits erwähnt.

Zumindest im Hotel Orfila mag er keiner Sinnestäuschung erlegen sein. Wrangel erzählt, er habe vom alten Ginguet erfahren, dass sich die scheinbare, krankhafte Sinnestäuschung auf ganz natürliche Weise erklären lässt. Strindberg habe während seines ganzes Aufenthaltes im Hotel, vom 21. Februar bis Ende Juli, niemals den Ofen angeheizt. Als man das Zimmer nach seinem Auszug aufräumen wollte, fand man im Ofen mehrere Spatzen, die durch den Schornstein gefallen waren und offenbar die sonderbaren Laute verursacht hatten, die er beschrieb. Strindberg habe die Geräusche als Geister des Hauses, die sich bemerkbar machten, interpretiert.

Nicht nur unsere Sinne lassen sich täuschen, indem sie Gesehenes, oder Gehörtes mitunter falsch einschätzen und so zu Eindrücken führen, die nicht der Realität entsprechen. Auch der klare Menschenverstand lässt sich täuschen, selbst wenn er ausgezeichnet funktioniert. Es kommt darauf an, was man für wahr, möglich, oder unmöglich hält. Mitunter ist eben eine falsch interpretierte Wahrnehmung eine ganz normale Sache. Was wir denken und was wir glauben, haben wir häufig ererbt und nicht erarbeitet. Deshalb wird ein religiöser Mensch auftretende Phänomene, die er sich nicht erklären kann, anders deuten, als ein Materialist. Ein Okkultist wieder anders, als ein fantasieloser Wissenschaftler. In den Augen des Betrachters, der eine Erfahrung selbst nicht macht, sondern nur die

Interpretation des Erlebenden zu hören bekommt, wird vielleicht als Wahn erscheinen, was nur eine Täuschung ist. Deshalb sollte man immer mit voreiligen Schlüssen vorsichtig sein.

Ich habe als Kind ein ähnliches Erlebnis, wie Strindberg im Hotel Orfila. Aber im Gegensatz zu seiner, findet sich die Erklärung dafür von selbst. Allerdings erst nachdem ich viele Jahre davor Angst habe.

Von meiner Kindheit an höre ich ein seltsames Rumpeln und Klopfen in der Nacht, in unserem Haus. Ich fürchte mich, wage aber nicht, jemandem von den seltsamen Geräuschen zu erzählen. Wir wohnen im ausgebauten Dachboden unseres Hauses, über uns existiert nur noch ein "Schlupfboden". Also ein Raum, den man nur auf allen Vieren kriechend betreten kann und in dem ganz sicher niemand wohnt. Trotzdem glaube ich immer wieder, jemanden dort oben gehen zu hören. Sogar der Hund fürchtet sich, sobald es los geht und versteckt sich, wenn er die Geräusche hört. Das macht mir doppelt Angst. Doch einmal sitze ich gemeinsam mit meiner Mutter im Wohnzimmer. Wieder einmal brechen diese Geräusche los und sie erzählt mir, auch sie habe das immer wieder gehört, ohne eine vernünftige Erklärung dafür zu finden. Wir bekommen beide Angst. Dabei ist sie kein besonders ängstlicher Mensch und ganz und gar nicht abergläubisch. Wir sehen aus dem Fenster und erblicken zwei Marder, die auf dem Dach miteinander spielen. Sie kommen gerade aus dem Dachboden und poltern nun dort oben herum. Seit sie im Dach nicht mehr hausen, ist alles ruhig und friedlich.

Sind solche Parallelen nicht geradezu unheimlich? Alles läuft immer wieder auf das Eine hinaus: Es war keine Einbildung! Eines fügt sich zum anderen. Auch wenn ich den Sinn dahinter noch nicht begreife, spüre ich Zusammenhänge, die mir Sicherheit geben.

Wer mein Leben, das voller seltsamer Zufälle ist, nicht kennt, mag folgende Geschichten auch als sinnlosen Zufall abtun. Ich erwähne sie, weil es in der Biografie Strindbergs und in meiner eigenen, viele solcher Zufälle gibt. Bis hin zu den unwichtigsten Kleinigkeiten.

Ich bin ein extrem frommes Kind, von auffallender Bescheidenheit. Mehr als anspruchslos, könnte man sagen. Die meisten Eltern würden sich über ein Kind freuen, das keine Wünsche hat. Meine bringe ich damit zur Verzweiflung. Fährt meine Mutter in die Stadt, wie sie es ausdrückt, wenn sie aus der Vorstadt ins Zentrum fährt, um einkaufen zu gehen, fragt sie mich immer was sie mir mitbringen könne. "Nichts!", meine ich. Auf ihre bohrenden Fragen, ob ich nicht doch einen Wunsch hätte, antworte ich schließlich: "Kauf mir ein "Salzgurkerl". Die vielen Weihnachtsgeschenke, die es jedes Jahr gibt, machen mir Angst. Darauf reagieren meine Eltern regelmäßig frustriert. Sie hätten sich gerne mit mir gefreut. Aber bei mir kommt keine Freude auf.

Meine religiöse Neigung äußert sich schon früh. Mit Begeisterung gehe ich zur Kirche. Sehnsüchtig warte ich darauf, endlich alt genug für die Kommunion zu sein. Ich fühle mich ausgeschlossen, weil man mich davon fern hält, nur weil ich zu jung dafür bin. Doch schon bald mischen sich erste Zweifel in meine Liebe zu Gott. Ich kann nicht verstehen, wieso er die Gemeinheiten und Grausamkeiten dieser Welt zulassen kann. Oft weine ich deswegen, bitte um eine Erklärung, drohe damit, nicht mehr an seine Existenz zu glauben, als Strafe für sein Schweigen. Ich bettle um ein Zeichen, das ich auch erhalte, aber nicht verstehe. Rechte mit Gott und philosophiere über die Geschichten aus der Bibel, die der Pfarrer erzählt.

Während eines Schikurses, ich bin ungefähr elf Jahre alt, fahren wir auf einen mit Schnee bedeckten Gipfel. Als wir aus der Gondel der Seilbahn steigen und ich rund um mich her die Gipfel der Berge sehe, werde ich von einer Glückseligkeit erfüllt, die nicht von dieser Welt zu sein scheint. In diesem

Moment fühle ich die Nähe Gottes, den ich so sehr hasse und an dessen Existenz ich zweifle. Kurz danach scheint alles wieder vergessen und ich gebe mich weiter den Hassgefühlen hin. Sie plagen mich, sobald ich etwas Schreckliches zu sehen, oder zu hören bekomme. Es ist die Zeit, wo man die ersten Erfahrungen mit dem neuen Medium Fernsehen macht. Die furchtbaren Szenen, die in den Nachrichten gezeigt werden, vergesse ich nicht mehr. Sie wirken stärker und abstoßender auf mich, als ein Artikel in einer Zeitung, oder in einem Buch es tun könnte. Meine Zweifel kommen aus mir selbst, sie sind einfach da, scheinen in meiner Seele nur geruht zu haben, auch wenn sie durch den Einfluss meines Großvaters gefördert werden. So gesehen finde ich schon früh den Teufel, obwohl ich Gott suche, wie Johan es ausdrückt:

"*Mit Heimweh nach dem Himmel geboren, weinte ich schon als Kind über den Schmutz des Daseins, fühlte mich fremd und heimatlos unter meinen Verwandten und der Gesellschaft. Seit meiner Kindheit habe ich Gott gesucht, und ich habe den Teufel gefunden. In meiner Kindheit habe ich das Kreuz Christi getragen, und ich habe einen Gott verleugnet, der sich begnügt, über Sklaven, die ihren Peinigern dienen, zu herrschen.*"

Auch in dieser Sache sind wir also gleich, denken wir gleich.

Religion ist vermutlich deshalb eines meiner großen Lebensprobleme. Eines das mich immer wieder und viel intensiver beschäftigt, als alle anderen zusammen. Ebenso geht es Strindberg, der ständig um seinen Glauben ringt, den Kampf verliert, um ihn schließlich wieder zu finden.

Ein anderes Thema ist die Politik, mit der ich mich auch immer wieder auseinandersetze, ja auseinander setzen muss, weil ich in ein politisches Umfeld hinein geboren werde. Ich bin wie ein schwankendes Schiff, das hilflos auf hoher See treibt, den verschiedenen Winden ausgeliefert. Ich ändere meine Meinung ständig. Nicht aus Langeweile, oder Übermut, sicher auch nicht aus Dummheit, sondern aufgrund neuen Wissens, das ich mir

60

aneigne - und das dann alles was ich bisher glaubte, zu relativieren beginnt. Mit tiefer Religiosität geboren, habe ich früh gezweifelt, wurde atheistisch, um doch wieder zur Religion zurück zu finden - und so geht es immer weiter. Es dauert ein ganzes Leben, bis ich endlich verstehe, wie viel ich nicht weiß. Organisierte Religion ist jedoch schon bald überwunden. Sie enthält nichts weiter als menschliche Gedanken, Wünsche und Ängste. Das habe ich endlich begriffen. Strindberg durchschritt dieselben Stationen des Glaubens und Unglaubens wie ich und ich wiederholte sie auf eine mildere Art und Weise. Als er starb, hatte er neben sich die Bibel liegen, als wäre er der wiedergeborene, verlorene Sohn, der im Tod zum Vater zurückgekehrt ist. Dort wo er endete, beginne ich aufs Neue.

"*Seltsamer Circulus vitiosus, den ich mit zwanzig Jahren voraussah, als ich mein Drama "Meister Olaf" dichtete, das die Tragödie meines Lebens geworden ist. Wozu dreißig Jahre lang ein elendes Leben führen, um durch Erahnung das zu erreichen, was man vorausgeahnt hat? Jung, war ich aufrichtig fromm, und ihr habt einen Freidenker aus mir gemacht. Aus dem Freidenker habt ihr einen Atheisten gemacht, aus dem Atheisten einen Religiösen. Für die Menschheit begeistert, habe ich den Sozialismus verkündet; fünf Jahre später habt ihr mir gezeigt, wie sinnlos der Sozialismus ist. Alles, was mich begeistert hat, habt ihr für nichtig erklärt. Und wenn ich mich der Religion weihe, so bin ich sicher, in zehn Jahren werdet ihr sie wiederlegen.*"

Liest man aufmerksam was er schreibt wird klar: Seine geistige Entwicklung schreibt er anderen zu, nicht sich selbst. Deshalb wiederhole ich seine Schritte. Zwar wurden sie von ihm bereits gemacht, aber nicht verinnerlicht. Sie werden als fremd empfunden, als von außen kommend. In meiner jetzigen Inkarnation erkenne ich, dass ich es bin, die sie macht, weil ich es will. So als hätte ich mich - als ich Strindberg war - vorsichtig an eine Wahrheit heran getastet, die mir nicht geheuer ist, die ich nicht so einfach begreifen kann. Zu sehr klammern sich alte

Denkstrukturen an mich. Ich schleppe sie mit mir herum. Eine Last die mich hemmt. Erst jetzt werfe ich sie endgültig ab.

Mittlerweile begreife ich, nicht andere machen etwas aus mir, sondern ich selbst. Ich entscheide selbst was ich glaube und woran ich zweifle, denn ich bin es, die auf der Suche nach der Wahrheit ist. Ich bin und war im Grunde meines Herzens immer einsam und ich leide unter dieser Einsamkeit. Fühle mich mein ganzes Leben lang unverstanden, weil niemand in meinem Umfeld dieselben Wünsche und Ziele hat. Denn die äußeren Ziele, die andere vor sich her tragen, denen ich leider auch zeitweise hinterher hetze und die ich doch nie annehmen kann, bedeuten mir in Wahrheit nichts. Deshalb gehöre ich nirgendwo dazu, bin ich nie und nirgendwo heimisch. Es ist nicht so, dass mich andere ablehnen, sondern ich kann mich keiner Gruppe anschließen. Ich passe in keinen Verein, keine Partei und selbst im Spiel, das wir als Kinder in der Schule spielen, bleibe ich immer außerhalb. Mittlerweile (gerade schreibe ich an der 3. Version dieses Buches) wird immer deutlicher, dass mich die Frage beherrscht, ob ich alleine bin und alles um mich herum, nichts weiter als eine Illusion ist. Er hatte kaum Freunde und ich auch nicht. Aus einem inneren Bedürfnis heraus. Obwohl viele Menschen die Freundschaft zu mir suchen.

Das Leben Strindbergs prägt also offenbar schon meine früheste Kindheit. Die Erkenntnis daraus? Seinem Schicksal kann man nicht entkommen. Alle Probleme nimmt man in das nächste Leben mit. Sie wollen gelöst werden. Hartnäckig heften sie sich an die sich wandelnde Seele.

Strindberg sehnte sich - wie ich - nach Gemeinschaft. Nach einem Kloster ohne Religion, ohne Denkzwang. Also eigentlich nach einer Gemeinschaft von Gleichen, die frei im Denken und im Handeln sind. Aber das gibt es leider nicht. Oder doch? Gedankenfreiheit stand für ihn über allem anderen. Er lehnte es auch ab, einer okkulten Gemeinschaft beizutreten und fühlte sich deshalb auf magischem Wege verfolgt und angegriffen. Menschen mit gleicher Meinung schließen sich gerne zusammen. Sie brauchen die Bestätigung durch andere. Das brauchte er nicht, trotzdem sehnte er sich danach. Statt Gemeinschaft im Denken zu suchen, beschäftigte er sich lieber mit den verschiedensten Religionen und politischen Ideen, ohne jemals irgendwo Fuß zu fassen.

"*Den Koran möchte ich gern haben! Und außerdem: Zend-Avesta, Manetho, Manus Gesetze, Sibyllinische Bücher, Talmud, Kirchenväter (Augustinus, Hieronymus, Chrysostomus)*", schreibt er an Schering.

Das ist nur eine kleine Auswahl dessen, was er gelesen hat, was ihn beschäftigte. Auch das passt durchaus zu mir. Schon als Jugendliche kaufe ich mir Bücher über verschiedene Religionen. Mein ganzes Leben lang suche ich nach der wahren Religion, bis ich endlich erkenne: diese gibt es nicht. Religion ist immer von Menschen gemachte Theorie, die auf einigen wenigen Erfahrungen aufbaut, die vielleicht irgend jemand vor langer Zeit gemacht hat. Nur die eigene Erfahrung, im Sinne von Gnosis, aber ohne historischen Bezug zu Religionen, bringt uns weiter.

Die sozialistischen Arbeiter Schwedens ließen ihn hoch leben, er fühlte sich geehrt und blieb doch unverstanden. Nicht die äußeren Gegebenheiten beschäftigten ihn bis in die Tiefe seiner Seele hinab, sondern das Metaphysische. Er fragte sich, wie man Wiedergeburt verhindern könnte und ob es Lohn und Strafe ist, was man im nächsten Leben erlebt. Damit konnten die sozialistischen Schweden seiner Zeit wenig anfangen.

Der Begriff Karma ist heute in aller Munde und man kann nur schwer an anderes denken, als an späte Gerechtigkeit, die alles wieder ins rechte Lot bringt. Das Bedürfnis der Menschen nach Ausgleich ist enorm und in fast jeder Kultur zu finden. Mit dieser Vorstellung will und kann ich mich nicht anfreunden. Sie ist zu banal und sie erklärt auch nicht, warum Tiere leiden müssen, die doch nichts anderes tun, als ihrer Bestimmung zu gehorchen. Heute bin ich weit von dieser gängigen Theorie entfernt, weiter als jemals zuvor. Es ist ein langer Weg, den ich

63

ohne meine bewusste Erinnerung an Strindberg nicht hätte gehen können. Sie führt mich in eine ganz andere Richtung, denn ich fühle, dass da etwas anderes sein muss. Vergleiche ich sein Leben mit dem meinen, sehe ich keinen Lohn und keine Strafe, sondern eine Fortführung. Fragen die er nicht beantworten konnte, beschäftigen mich. Ich komme zu dem Schluss: In der Natur gibt es kein Gut und kein Böse. Also gibt es auch keinen Lohn und keine Strafe. Die Frage nach der Ursache des Leids bleibt jedoch weiter bestehen. Man könnte meinen, mein Leben sei die Antwort auf Strindbergs Frage. Sie ist wohl zu brennend, um mit dem Erlöschen seiner biologischen Existenz zu verblassen:

"*In diesen Tagen habe ich zum ersten Mal Allan Kardee (Livre des Esprits) gelesen und bin zufrieden. Er vervollkommnet Swedenborg und sagt alles was wir jetzt glauben zu wissen. Aber die Reinkarnation lässt er den Mensch wählen. Und in einem Brief an seine Tochter derselbe Gedanke; "Da fragt man sich: warum weiß man nicht schon am Anfang des Lebens warum man lebt? Hätte ich gewusst was ich jetzt weiß, wäre ich von Anfang an geduldig gewesen, und hätte mir eine Ehrensache daraus gemacht brav zu leiden, anstatt jetzt mit Jammergeschrei und Revolte und Blasphemie das Sündenregister zu vergrößern.*"

Er glaubte, schon etwas zu wissen. Das war ein großer Irrtum. Offenbar musste Johan als ich nochmals geboren werden, um zu verstehen, dass er nichts weiß. Ich brauche ein Leben lang dazu, zu verstehen: Ich weiß nichts. Wieder lebe und leide ich, ohne eine Antwort auf die brennende Frage zu erhalten. Bis jetzt. Ob sich das noch ändern wird?

Ich schwanke zwischen der Vorstellung, man müsse nur das Wesen des Lebens erkennen und sei erlöst - und der Idee, Seelenwanderung ist ein Weg in eine bestimmte Richtung, dessen Verlauf wir selbst bestimmen. Wir treffen die Entscheidungen, welches Leben wir in Zukunft führen werden, in dem Leben, das wir gerade durchleiden. Nicht in einer anderen Dimension, zwischen Tod und neuem Leben. Noch ist es kein Wissen, sondern Glaube. Doch immer stärker und immer öfter drängt sich der Gedanke auf, das Leben, diese Welt, sei vielleicht wirklich nichts weiter als eine Illusion. Auch das wurde von Strindberg vorweg genommen, in einem seiner späten Stücke.

Strindbergs Kindheit und meine eigene, weisen ebenfalls ungeheuer viele Parallelen auf, die ganz und gar gegen die Theorie von Schuld und Sühne, Lohn und Strafe sprechen. Man hat noch deutlicher das Gefühl, hier wiederholt sich zum Teil im neuen Leben, vor allem was man geschätzt hat

Den größten Teil meines Lebens, vor allem meine Kindheit, verbringe ich in unserem Haus in der Vorstadt von Wien, im 13. Bezirk, am Kleiner Ring 14, direkt beim Lainzer Tiergarten. Einige Jahrzehnte vor meiner Geburt, als meine Großeltern das kleine Haus bauen, ist das Gebiet noch Teil Niederösterreichs. Mehr Land als Vorstadt. In unmittelbarer Nähe gibt es zwei kleine Teiche, in denen mein bester Freund P. und ich im Sommer schwimmen, im Winter auf dem Eis spielen, oder Schlittschuh laufen. Ob meine Familie Angst hat, wir könnten ertrinken, weiß ich nicht. Ich glaube eher nicht. Manchmal ziehen die Leute ein bewusstloses Kind aus dem Teich, oder Taucher suchen nach jemandem, der angeblich dort verschwunden ist. Oft treiben wir uns beim Teich ganz alleine herum, tauchen weil wir noch nicht schwimmen können. Vor dem Krieg schwamm in dem künstlich angelegten Gewässer, die Kaiserin Sissi höchst persönlich. Nicht weit entfernt befindet sich ihr kleines Schloss. Wir befinden uns also auf ehemaligem kaiserlichem Besitzt. Ehrfurcht weckt das bei uns Kindern nicht. Strindberg hingegen hatte einen anderen Zugang zum Adel. Was nicht verwundert, gab es zu seiner Zeit - und sogar bis heute - eine Monarchie in Schweden. Habe ich die Hinwendung zu Herrscherhäusern überwunden, indem ich in einer Republik zur Welt komme, aus welcher der Adel nach einem schrecklichen Krieg vertrieben wird?

Strindberg schildert Szenen aus seiner Kindheit. Manchmal hörten sie die Schreie von Ertrinkenden, die im nahen See starben. Die Umgebung in der er aufwuchs - die Familie zog allerdings im Gegensatz zu meiner sehr oft um - entsprach ungefähr derjenigen, in welcher ich lebe. Man könnte sogar manches mit denselben Worten beschreiben, die er verwendete.

Der große Garten, der zum Haus gehört, ernährt die Großeltern während des Krieges. Bunte Blumen, Flieder und andere Pflanzen gedeihen hier. Es gibt Obstbäume und Sträucher. Manchmal versuche ich auch mein Glück als Gärtnerin. Meistens grabe ich jedoch sinnlos riesige Löcher in den Boden. Warum weiß ich nicht mehr.

In der Nebengasse hält die Familie Z. einen großen Hund, vor dem wir Kinder uns fürchten, weil er sich wild bellend gegen den Zaun wirft, sobald jemand vorbei geht. Was sich nicht vermeiden lässt, weil in dieser Gasse der Greißler sein Geschäft betreibt. Ausgerechnet zu diesem schickt man mich einkaufen. Es gibt noch einen zweiten Hund in der Nähe, der nicht nur wild, sondern auch gestört ist. Er versucht seinen Schwanz zu fangen.

Johan Strindberg betätigte sich manchmal als Gärtner und schrieb sogar eine Geschichte darüber. Kein Wunder, stammte er doch, wie auch ich, aus der Vorstadt, bzw. aus einem ländlichen Gebiet. Während ich nur während der Volksschulzeit gute Noten schreibe, lernte er anscheinend immer gerne. Doch auch er wurde einmal aus einer Schule genommen - so wie ich. Er hockte nicht einseitig über seinen Büchern. Als kleines Kind war er zart, später wurde er kräftig und ausdauernd, rang und focht, spielte und tobte sowohl in den vier Wänden, als auch im Freien. Norrtullsgatan 14 lag damals außerhalb der Stadt. Seine Mutter hatte im Winter immer Angst, die Kinder könnten in den sogenannten Igelteichen ertrinken. Johan hatte hingegen Angst vor den großen Hunden, die dort wachten. Auch als er schon erwachsen war, zeigte er diese Angst, obwohl er selbst zeitweise Hunde hatte. Das Thema Hunde müsste man gesondert behandeln. Nur so viel sei gesagt: meine Hunde beschäftigen mich sehr. Oft habe ich das Gefühl, als würde ich in dieser Beziehung etwas gut machen müssen, was ich früher falsch gemacht hatte.

Auch so manche Charaktereigenschaften, leider sind es vor allem solche die ich lieber nicht hätte, teile ich mit Strindberg. Dazu gehört der Zorn, der mich zeitweise packt und der mir selbst unangenehm ist. Dann verliere ich über mich die Kontrolle. Es bedarf dazu keines großen Anlasses, aber oft einer gewissen Vorbereitungszeit. Ich habe manchmal sogar lange Geduld, die dann plötzlich abreißt und sich ins Gegenteil verkehrt. Da fliegen manchmal auch Gegenstände durch die Luft und einige Glastüren müssen im Laufe der Zeit aus diesem Grund ihren Geist aufgeben.

Diese Eigenschaft beobachtete jemand bei Strindberg, als dieser nicht erreichte, was er gerne gehabt hätte.

Strindberg fuhr auf: "*Ja, dann habe ich hier nichts mehr zu suchen", sagte er und schleuderte den Federhalter auf die Zeitungen, die vor ihm auf dem Tisch lagen.*"

Manchmal wurde er auch ausfällig und leider teile ich auch diese Verhaltensweise mit ihm. Saftige Aussprüche liebt meine Mutter nicht, was mich nicht daran hindert, einige wenige zu erlernen und auch anzuwenden. Gerade weil das verpönt ist.

Eine weitere Übereinstimmung findet sich im Umgang und der Beziehung zu Kindern. Meine Kinder habe ich niemals geschlagen und auch Strindberg schlug seine Kinder nie, abgesehen von einem einzigen Mal. Dies war sozusagen der Anlass dafür, dass der Nachwelt dieser Umstand zur Kenntnis gebracht wurde. Als hätten "die Mächte" da ihre Hand im Spiel, um die Beweise für unsere Ähnlichkeit zu sichern. Diese eine, sehr harmlose, fast nur angedeutete Ohrfeige, schildert Strindbergs Tochter in ihren Erinnerungen an den Vater.

Da fällt mir ein, meine Mutter schlägt mich auch nie, bis auf ein einziges Mal. Auch das ist mehr angedeutet, als wirklich geschlagen. Ich habe ihre Unterschrift gefälscht, als ich in der Volksschule eine schlechte Note bekomme.

Als wollten die Mächte sich noch stärker bemerkbar machen, schlagen sie erneut zu. Während ich diesen Abschnitt verfasse (2007), den ich jetzt hier nur noch einfüge, um eine gewisse Ordnung herzustellen, damit die Vergleiche nachvollziehbar werden, trägt sich folgende Geschichte zu. Auch sie erinnert wieder an die "Mächte", die Johan so gerne beschwört und die zu einem festen Bestandteil in seinem Denken wurden: Wir holen unsere alten Uhren heraus, um aus zusortieren was wir noch aufheben wollen und was wir Leuten schenken, die sich keine Uhr leisten können. Unter diesen Uhren befindet sich eine Taschenuhr die aussieht, als wäre sie aus Gold. Natürlich ist sie nicht echt, denn wer braucht heute noch eine goldene Uhr und vor allem eine goldene Taschenuhr? Sie ist für Damen gedacht, nicht für Herren - und Damen tragen keine Taschenuhren mehr. Die Uhr ist neu, kein altes Erbstück, sondern ein Geschenk. Nun liegt sie auf dem Schreibtisch neben dem Computer, weil niemand weiß, ob wir sie behalten sollen, oder nicht. Ich lese gerade die Erinnerungen von Strindbergs Tochter an den letzten, gemeinsam mit dem Vater verbrachten Geburtstag. Sie ist zwölf Jahre alt und bekommt die Uhr, die sie sich gewünscht hatte, als sie noch klein war. Es ist eine goldene Taschenuhr, über die sie sich ungeheuer freut und die sie in Ehren hält.

Für Strindberg ist es normal, so schreibt sie, zum Geburtstag eines Kindes auch den anderen Kindern ein Geschenk zu machen, damit niemand neidisch wird. Deshalb bekommen auch die beiden anderen Kinder eine Uhr. Während ich diese Erinnerung der Tochter lese, höre ich zum ersten mal in meinem Leben, dass nicht nur ich allen Kindern etwas schenke, wenn eines Geburtstag hat. Das halte ich immer so, bis zum heutigen Tag. Mittlerweile zweifle ich aber an der Sinnhaftigkeit dieses Brauches, weil das jeweilige Geburtstagskind das nicht immer so möchte. Vielleicht will jeder irgendwann privilegiert sein. Trotzdem halte ich eisern an dieser Tradition fest. Damit niemand neidisch wird.

Neben seinen Frauen, waren ihm die Kinder das Wichtigste im Leben. Wahrscheinlich waren sie sogar wichtiger. Unter der Trennung von den Kindern litt er sehr und man spürt die Liebe, die er zu ihnen empfand, in den Briefen, die er an seine Tochter Kerstin schrieb. Allerdings lehnte er Kerstin später ab. Was ich nicht verstehen kann. Die Zeit in Österreich käme ihm nachträglich wie ein Märchen vor. Zu tun haben wollte er plötzlich mit dem Kind nichts mehr. Die Tochter reiste vergeblich nach Schweden, doch er hielt sie von sich fern. Später wurde sie sogar in seinem Grab bestattet.

Kerstins Mutter hatte mit ihm nur eine sehr kurze Beziehung. Die Ehe wurde nachträglich für ungültig erklärt. Doch warum lehnte er seine Tochter Kerstin so sehr ab? Seit ich darüber gelesen habe, beschäftigt mich diese Frage. Sie quält mich. Büße ich für diese Sünde? Hat mein Vater mich deshalb verstoßen? Er will nichts mehr von mir wissen, nachdem die Eltern sich trennen. Weil ich zum neuen Mann der Mutter Papa sage. So wird mir das sehr viel später berichtet. In diesem Leben war auch mein Vater das belastende Element - neben meiner Mutter. Bis ich zufällig meine Halbschwestern finde, leide ich Höllenqualen, weil ich unerfüllte Sehnsucht nach dem Vater habe. Ja, das muss wohl Buße sein. Seit ich sie kenne ist mir die Sehnsucht vergangen. Nachträglich erweist es sich als ein Segen, nicht zu bekommen was wir uns wünschen.

Johan dachte immer an seine Kinder aus erster Ehe. Gerne wollte er ihnen Geld schicken, was er nicht immer konnte, weil er manchmal überaus arm war, obwohl er schrieb, schrieb und schrieb. Seiner ersten Frau Siri gab er kein Geld. Aus gekränkter Eitelkeit eines Mannes, der sich keiner Schuld bewusst war. In Wahrheit blieb sie seine große Liebe, obwohl sie keinen Kontakt mehr miteinander hatten. Wie das oft bei

69

Ehepaaren geschieht, die Jahrzehnte zusammen sind, starb er trotz der Entfernung zwischen ihnen, kurz nachdem man ihm berichtet hatte, Siri sei gestorben.

Er bezeichnete sich selbst als "Familienthier". Im Grunde seines Herzens war er ein Familienmensch. Doch er schaffte es nicht, wenigstens eine seiner drei Familien zu behalten. Im Gegensatz zu mir. Das mag daran liegen, dass ich diesmal eine Frau bin. Allerdings fällt es mir schwer, eine Beziehung einzugehen. Ich bin sogar davon überzeugt, niemals zu heiraten und auch niemals Kinder zu bekommen.

Dass ich auch ein Familienmensch bin, mag den Leser schon gar nicht mehr überraschen. Auch mir bedeuten die Kinder alles. Der Rest der Familie kann nicht verstehen, weshalb ich in Sack und Asche gehe, damit ich den Kindern mehr kaufen kann. Letzteres hat jedoch noch einen zweiten Grund. Ich weiß nicht was mir gut passt und was nicht. Wichtig ist es mir obendrein auch nicht. In dieser Beziehung gibt es noch eine weitere Parallele. Sie ist überliefert: Strindberg hatte sich einmal bei einer Frau eingemietet, die sich um ihn in jeder Hinsicht kümmerte. Er bat sie, ihm jeden Morgen eine Kleidung herzurichten, weil er jemanden brauchte, der für ihn aussucht was er anziehen soll. "*Ich weiß nicht was zusammen passt!*", meinte er sinngemäß. Wenn nicht gerade eine Frau für sein äußeres Erscheinungsbild sorgte, trug er einfache Kleidung - wie ein Bauer. Ich trage halt Jeans und irgendwelche T-Shirts.

Nicht nur die eigenen Kinder liebte Strindberg, sondern auch die fremden. Waldemar Bülow betonte, eine der schönsten Eigenschaften Strindbergs sei seine Liebe zu Kindern. Wobei er sehr genau zwischen geschlechtlicher Liebe zu erwachsenen Frauen und ungeschlechtlicher Liebe zu Kindern unterscheidet. Er war kein Pädophiler. Dass er dafür auch keinerlei Verständnis hat, ist ebenfalls in seinen Büchern dokumentiert. Auch mir fehlt das Verständnis für solche Leute.

Von Frauen erwartet man, dass sie kinderlieb sind, deshalb brauche ich wohl nicht hervorzuheben, dass ich Kinder sehr

70

gerne habe. Sie scheinen zu spüren, ob man sie mag, oder nicht. Mit ihnen verstehe ich mich meistens besser als mit Erwachsenen. Ich liebe ihre Ursprünglichkeit. Sie verstellen sich nicht und meistens sind sie noch nicht den gesellschaftlichen Zwängen unterworfen. Dabei spielt es keine Rolle, aus welcher Gesellschaftsschicht, Kultur, oder Volk sie kommen. Selbst Kinder die sich normalerweise Fremden gegenüber abweisend verhalten und mit niemandem reden, lassen sich mit mir oft, zum größten Erstaunen der anderen Erwachsenen, denen dieses Kunststück nicht gelingt, auf ein Gespräch ein. Auf meiner Pilgerreise nach Indien kann ich sogar ein non verbales Gespräch mit einem Kleinkind führen. Nur mit Mimik und Gesten. Es versteht alles und tut sogar, was ich von ihm verlange.

Gesellschaftliche Ereignisse scheue ich und wenn ich sie vermeiden kann, tue ich es. Je fremder die Teilnehmenden sind, umso schlechter fühle ich mich dabei. Fühle ich mich schlecht, rede ich viel zu viel, um meine Unsicherheit zu überspielen. Da ist es befreiend, wenn man auf Kinder trifft, mit denen man sich beschäftigen kann. Was nicht heißen soll, dass ich eine schlechte Gastgeberin wäre. Im Gegenteil, wirke ich auf unsere Gäste immer großzügig und freundlich.

Auch Strindberg galt als guter Gastgeber. Ist das überraschend? Ich glaube nicht.

Besondere Anlässe hasse ich noch mehr. Je größer eine Veranstaltung, oder eine Einladung ist, je gehobener das Publikum, desto eher weigere ich mich hinzugehen. Ob das Hochzeiten sind, oder andere feierliche Anlässe, ist mir egal. Ich fürchte mich deshalb schon jetzt davor, meine Kinder könnten irgendwann heiraten und ich muss eine große Hochzeit ausrichten. Zum Glück schaut es derzeit nicht danach aus. Eine kleine Anekdote erklärt, was ich sagen will: Meine jüngste Tochter soll einen Preis vom Familienminister entgegen nehmen. Einige andere Kinder und sie sind eingeladen. Eine große Feier findet statt und ich bringe es nicht fertig, sie zu begleiten. Zum Glück ist mein Mann bereit dazu. Er liebt große Veranstaltungen, im Gegensatz zu mir.

Woher meine unerklärliche Abneigung kommt, erklärt sich wieder aus Strindbergs Biografie: Johan hätte Grund genug gehabt, derartige Anlässe zu nützen, um wenigstens zu gutem Essen zu kommen. Meistens drückte er sich davor, einer solchen Einladung zu folgen. Nur einmal machte er eine Ausnahme, was er bitter bereuen sollte: "*Er nahm eine Einladung an zu der zufällig ein "Akrobat" - Coquelin cadet - kam. Schüchtern stolperte Strindberg über ein Wort und versprach sich in lächerlicher Weise. Coquelin griff den Irrtum auf, jonglierte damit und brachte Strindberg zur Verzweiflung. Von da an konnte keine Macht der Welt ihn dazu bewegen, einen Besuch bei der vornehmen Welt zu machen.*"

Mir passiert es auch öfter, dass ich plötzlich nicht mehr normal sprechen kann, wenn ich anderen Leuten etwas erzählen will. Dazu brauche ich keine außergewöhnlichen Persönlichkeiten. Auf diese Weise halte ich mich davon ab, allzu viel mit jemandem zu plaudern.

Größere Veranstaltungen sind vielleicht auch für manche anderen Menschen eine Belastung. Aber vollbesetzte Züge, Schiffe, oder Busse nehmen die meisten in Kauf, auch wenn sie nicht darüber glücklich sein mögen. Hauptsache sie kommen ans Ziel ihrer Reise. Für mich sind Massenverkehrsmittel, aber auch volle Eislaufplätze, oder voll gestopfte Schwimmbäder eine Katastrophe. Das hat sich nie geändert. Deshalb gehe ich lieber stundenlang zu Fuß, ehe ich mit einer vollen Straßenbahn fahre. Sofern es sich einrichten lässt. Menschenansammlungen jedweder Art bedrücken mich und das geht bis hin zur Platzangst, die sich verschiedenartig äußert. Entweder indem eine Phobie ausbricht, bzw. eine quälende Nervosität, oder indem sich mein Bewusstseinszustand verändert. Dann fühle ich mich, als würde ich auf Wolken gehen und alles um mich herum scheint weit entfernt und unwirklich.

Strindberg ging es ebenso. Er sollte beispielsweise mit einem Freund einen Ausflug machen und wartete auf ihn. "Als er ihn kommen sah, ging er auf ihn zu und erklärte mit seiner pathetischen Stimme, indem er auf den Uppsaladampfer deutete: "_Ich gehe nicht an Bord dieses ekelhaften Dampfers, auf dem man sich von Individuen schupsen lassen muss_ ... " Der Freund verstand sofort. Dort lag der schöne Drottnigholmdampfer und war fast menschenleer. Auf der anderen Seite lag der Uppsaladampfer, klein, schmutzig und vollbepackt mit vergnügungssüchtigem Wochenend-Publikum. Sie fuhren mit dem leeren Boot."

Schon als ich Strindberg war, suchte ich offenbar Ruhe von dieser Welt, weil ich die lauten und aufdringlichen Menschen nicht mochte, die mir noch immer zuwider sind. Obwohl ich andererseits oft selbst sehr laut bin.

"_Auf der anderen Seite, in diesem Babylon, wo der Lärm stört, wo Eitelkeit und Kleinigkeiten, sogar Niedertracht sich nach vorn drängen, ist es sehr schwer, sich nicht zu verlieren, wird man zu Streitigkeiten um Nichtigkeiten verlockt und ich frage oft: Warum machen sie nicht das Kloster? Welches alle Weltmüden suchen, Zuflucht mit Einsamkeit in Gemeinschaft. Ich habe an ein katholisches Kloster gedacht, aber daraus folgen Bekenntnis und ein Gehorsam, den ich hasse._"

Man verbreitete das Gerücht, er sei zum Katholizismus konvertiert. Wenn man diese Zeilen liest, wundert es nicht. Ich bin als Kind katholisch. Was er meint verstehe ich sehr gut. Weil ich Bekenntnis und Gehorsam wie er hasse, kann ich mich nie und nimmer entschließen, in ein Kloster zu gehen. Obwohl ich in frühen Jahren manchmal daran denke und obwohl mich die Stille und Ruhe anzieht. Meine innere Unruhe und Nervosität, das ständige Hin und Her in Glaubensdingen, wirken ermüdend. Da kommt man leicht auf die Idee, es denen gleich zu machen, die ihre Kritikfähigkeit lähmen, um dann ein ganzes langes Leben lang dasselbe Ziel zu verfolgen, ohne es

73

jemals zu hinterfragen. Kloster kommt für mich später auch deshalb nicht mehr in Frage, weil ich nicht nur aus der Kirche austrete, sondern auch zu viel lese, um noch unkritisch nach zubeten, was zum Dogma erhoben worden war. Dafür führt mich eine zwischenzeitliche Episode in die altkatholische Kirche. Nach kurzer Zeit begreife ich, wie sinnlos es ist, die Konfession zu wechseln. Denn an dieser liegt es nicht. Dafür entschließe ich mich nach Indien zu gehen, wo ich den Rest meines Lebens verbringen will. Also fast ein Klosterleben, mit etwas mehr Freiheit, nur ohne Christentum. Ein heiliges Leben wie Aurobindo führen, nur noch meditieren, gut sein, dem Leben und den Menschen entrücken. Das ist mein Wunsch und mein Ziel. Dafür gebe ich meine parapsychologischen Experimente auf. Nie wieder zurück nach Österreich kommen, sondern den Rest meines Lebens der Meditation widmen.

Nach einem Monat bin ich wieder zu Hause, weil mir die Menschen missfallen die sich fromm geben, es meiner Meinung nach aber nicht sind. In der Ruhe spüre ich meine eigene, innere Unruhe stärker als je zuvor. Mir wird klar: Ich bin alles andere als heilig. Das kann nicht mein Weg sein. Als ich wegfahre fühle ich mich frei. Ein ungeheuer intensives Gefühl, das ich nur dieses eine Mal in diesem Leben erleben darf. Bisher. Schon während der Reise erwacht mein Widerspruchsgeist, der mich leider niemals im Stich lässt. Oder zum Glück? Die ruhige Atmosphäre macht mich also erst recht unruhig. Wieso eigentlich?

Es sind vor allem Europäer und Australier, die mit todernster Mine mit ihrem Räucherstäbchen in der Hand, eine Runde nach der anderen im Hof des Ashrams drehen. Absolut lächerlich. Ein Inder erklärt mir, diese Leute hätten freizügigen Sex miteinander. Man spürt deutlich seine Verachtung. Trotzdem ist es ein eindrucksvolles Erlebnis. In spiritueller Hinsicht profitiere ich davon nicht. Dafür habe ich eine Vision. Eigentlich keine echte Vision, denn dabei müsste man etwas mit dem inneren Auge sehen. Das ist nicht der Fall. Ich fühle etwas, das über das normale Erleben hinaus geht. Es prägt sich mir ein. Wobei es mir in erster Linie rätselhaft erscheint. Erklären kann ich es erst sehr viel später. Nach meiner Erinnerung und auch da erst Jahre später, als ich mehr über Strindbergs Leben erfahre.

In der Bibliothek des Ashram werden regelmäßig Musikabende abgehalten. Einmal nehme ich daran teil. Der Bibliothekar spielt Beethoven, die Zuhörer sitzen verstreut im Raum auf dem Boden. In der Ecke steht ein wundervolles Aquarium, in dem sich zahlreiche bunte Fische tummeln. Immer wenn ich diesen Raum betrete, bin ich davon hingerissen. Europäer und Inder, teilweise malerisch gekleidet, andere so wie ich auch in Jeans und T-Shirt. Männer und Frauen bunt gemischt. In dieser Gesellschaft sind die Geschlechter gleich angesehen und akzeptiert. Wir lauschen der Musik, die ich kenne. In der Buchhandlung spiele ich oft Beethoven, ohne sonderlich beeindruckt zu sein. Plötzlich werde ich wie aus heiterem Himmel von einem unbeschreiblichen Glücksgefühl gepackt. Mir scheint in diesem Moment, als sei es göttlichen Ursprungs. Es war so, als würde ich erstmals in meinem Leben Musik erleben. Niemals kann eine Droge so berauschend sein wie die Gefühle, die sich während einer Meditation, mitunter aber auch ganz spontan bilden. Wir fallen von einem Moment zum anderen in einen abnormen Zustand. Als würde uns plötzlich das Tor zu einer anderen Dimension offen stehen, das uns bisher verschlossen war. Ein Bereich, der nur Gott alleine vorbehalten ist, in dem er sich uns offenbart, wenn wir reinen Herzens ihm zustreben, alles Irdische vergessend und uns unserer Seele, die aus ihm entsprungen ist, gewahr werden. Eigentlich weiß ich gar nicht, ob es einen Gott gibt - oder eine Göttin. Doch in diesem einen Augenblick empfindet man etwas, das man nur als göttlich bezeichnen kann.

All die folgenden Jahre frage ich mich immer und immer wieder, was ich daraus erkennen könne. Meine Frage beantwortet Strindberg quasi selbst, nachdem ich zum richtigen Buch finde. Diese Bücher erscheinen nach und nach. Was auch das Argument entkräftet, es handele sich um etwas ähnliches wie eine sich selbst erfüllende Prophezeiung. Vieles von dem was

75

ich hier erzähle, findet vor meiner Erinnerung statt. Zum Beispiel auch dieses Erlebnis. Anderes erfahre ich erst nachträglich, denn vor meiner Erinnerung gibt es keine Bücher, in denen man eine Erklärung finden kann. Genau das ist auch der Grund, weshalb dieses Buch kein Ende hat, obwohl ich es zu Ende geschrieben habe. Paradox? Ja und nein. Es tauchen immer neue Informationen über Strindberg auf, welche mir neu sind. Es ist wie ein Puzzle. Mir fehlen viele Steine. Im richtigen Moment gibt mir jemand wieder ein passendes Steinchen.

Strindberg hatte eine besondere Beziehung zu Beethovens Musik. Er nahm regelmäßig an Beethoven Abenden teil und zu Hause hing die Totenmaske des Komponisten an der Wand. Was ich als göttliche Inspiration erlebe, ist also vermutlich nur eine unterschwellig bewusst werdende Erinnerung an mein früheres Leben. Plötzlich ausgelöst durch das Eintreten einer ähnlichen Situation. Sie gleicht der in meinem früheren Leben als Strindberg. Wir leben heute in einer anderen Zeit, in der es Fernsehen und Film gibt. Da kommt klassische Musik, gemeinsam im Freundeskreis zu Hause konsumiert, nur noch selten vor. Vielleicht spielte bei ihm das gemeinsam Erlebte in Wahrheit eine größere Rolle, als die Musik selbst. Gleiche Interessen und gemeinsame Unternehmungen schaffen ein Umfeld, in dem die Persönlichkeit aufgeht. Das Individuum löst seine psychischen Grenzen auf und erfährt scheinbare Verbindung mit anderen. Musik verstärkt die Wirkung noch. In solchen Momenten erlebt jeder dieselben Gefühle, weil das Denken in den Hintergrund tritt. Was die anderen im Raum erleben, bleibt mir leider verschlossen.

"Als Frieda Uhl am 5. Februar 1893 in der Wohnung des Redakteurs Otto Neumann-Hofer Strindberg erneut vorgestellt wurde, konnte er sich weder an ihr Gesicht, noch an das dreistündige Gespräch vom 7. Jänner erinnern. Diesmal registrierte er aber ihre Belesenheit und ihre eigenartige Stimme, während er ihr Gesicht erneut vergaß."

Offensichtlich hatte er nicht das absolute Gedächtnis, wie er glaubte. Ihm erging es wie mir. Ich merke mir keine Gesichter, was mitunter zu sehr unangenehmen Situationen führt. Mittlerweile gibt es für diese Störung sogar einen Namen, obwohl viele Neurologen und Psychologen noch immer nicht wissen, dass es sie gibt. Prosopagnosie nennt man sie heute.

"Die Verbindung mit den Wirklichkeiten des Lebens löste er auf; lebte ein Scheinleben in fremden Ländern, in seinen Gedanken; war unzufrieden mit dem grauen, alltäglichen Dasein; mit seiner Umgebung, die ihm immer fremder wurde. Aber der Vater wollte nicht, dass er sich in seinen Fantasien verlor."

Als Kind und Jugendliche drängen sich mir Fantasien auf. Sie packen mich und werden zwanghaft. Meistens handeln sie von der Zerstörung der Zivilisation, von einer Erde auf der fast keine Menschen mehr zu finden sind. Nach der Volksschule beginnen sie und ich ziehe mich immer mehr zurück. Deshalb kann ich nicht lernen, mir fehle ganz einfach die nötige Zeit dafür. Leider kann ich keine Bilder in meinem Kopf sehen und so werden daraus etwas ähnliches wie sich selbst erzählte Romane. Erst die Meditation und Konzentration macht damit Schluss.

Johan sang gerne. Allerdings nicht allein, wie ich, sondern im Kreise von Familie, oder Freunden. Dazu spielte er Gitarre, was ich gerne können würde, aber leider nie gelernt habe. Ich muss mir zwar unbedingt dieses Instrument kaufen, belasse es jedoch dann bei einigem Zupfen. Aus.

77

Instrumente ziehen mich magisch an. Uns gegenüber wohnt die verwitwete Schwägerin meines Großvaters, mit ihrer Tochter. Immer wenn ich sie besuche setze ich mich ans Klavier, das in einem kleinen Zimmer steht, und spiele wild vor mich hin. Lieder wurden nie daraus, weil ich keinen Unterricht nehmen darf. Also versuche ich es mit Xylophon und Blockflöte, in der Hoffnung doch noch ein Instrument zu lernen. Leichte Kinderlieder bringe ich mir auf diese Weise zwar bei, aber sobald es schwierig wird, gebe ich auf. Denn meine wirklichen Interessen liegen auf anderen Gebieten. Trotzdem lässt mich die Liebe zu Instrumenten nicht los. Jetzt habe ich sogar ein Board mit Strom. Mir fehlt die Zeit zum Spielen, aber die kommt sicher noch irgendwann!

Offenbar handelt es sich dabei um Fähigkeiten und Vorlieben die ich zwar hatte, als ich Strindberg war, in diesem Leben jedoch nicht mehr so richtig ausleben kann, oder will. Sie haben sich überlebt.

"Ich kann mich nicht ausruhen, auch wenn ich noch so gerne möchte. Ich muss ja ums tägliche Brot schreiben, um Weib und Kind zu versorgen, aber auch sonst könnte ich es nicht lassen.", meint Strindberg.

Er schrieb und schrieb und schrieb. Ich mache dasselbe noch immer, nach so vielen Jahren. Wegen Geld mache ich es nicht, denn ich verdiene damit nichts. Zumindest bekam er Geld dafür, auch wenn es vielleicht nicht sehr viel war. Da kann man noch nachvollziehen, weshalb er sich die viele Arbeit macht. Aber warum schreibe ich für den Papierkorb? Vielleicht weil ich zum Glück nicht für Weib und Kind sorgen muss, weil ich eben diesmal selbst Weib bin. Ich lasse jetzt einen Mann für mich sorgen. Es war bei Strindberg ein Zwang, genauso wie es bei mir einer ist. Was ihn betrifft, müsste ich die Inkarnation davor kennen. Dann würde sich sein Zwang vielleicht von selbst erklären.

Ich muss mich fragen, warum ich unter diesem Zwang leide, weil er in meinem Fall zu keinem sinnvollen Ergebnis führt.

78

Oder besser: ich muss mich eigentlich nicht fragen, denn es ist offensichtlich, dass ich seinen Zwang einfach nicht auflösen kann.

Strindberg dachte in seinen letzten Lebensjahren immer wieder daran, mit dem Schreiben von Stücken und Romanen aufzuhören. Ich setze seinen Entschluss fast in die Tat um. Nicht ganz, denn ich schreibe ja weiterhin Bücher. Doch diese sind von einer anderen Art, als die seinen es waren. An Theaterstücken versuche ich mich selten. Sie erscheinen mir als ein Anachronismus, obwohl es in meinem Leben eine Zeit gibt, wo ich manchmal sogar ins Theater gehe. Die wichtigen Stücke an den großen Bühnen interessierten mich nicht. Mich zieht es zu den kleinen Kellerbühnen, ähnlich denen des „intimen Theaters", welches Strindberg während seiner letzten Jahre bespielte. Schon zu seinen Lebzeiten war der Tod des Theaters besiegelt, als der Film erfunden wurde. Ich denke das war auch ihm klar. Obwohl er im Alter noch immer Theaterstücke schrieb und aufführte, hatte er sich innerlich davon bereits abgewendet:

„Theater! Pah, verkleidete Menschen!", schrieb er abschätzig. – und: „Was ist mir jetzt noch der Sieg, den ich auf diesem Schauplatz geistiger Kämpfe erfochten: dass ich auf einer Pariser Bühne gespielt wurde! Bedeutete das für mich doch nichts Geringeres als die Erfüllung eines Jugendtraumes, wie er von all den zeitgenössischen Schriftstellern meines Landes geträumt wird und nun allein von mir verwirklicht worden ist. Aber gleichviel. Das Theater stieß mich, wie alles, was man einmal erreicht hat, ab, und die Wissenschaft zog mich an. Meine Wahl zwischen Liebe und Wissenschaft hat sich für letztere entschieden, und lässt mich über dem Opfer meiner eigenen Liebe ganz vergessen, dass ich zugleich ein schuldloses Weib auf dem Altar meines Ehrgeizes oder, sagen wir, meines inneren Berufes opfere."

Das erklärt überzeugend, weshalb sein Drang Theaterstücke zu schreiben, sich nicht auf mich übertrug. Zweierlei hatte er bereits zu Lebzeiten innerlich überwunden - über andere Menschen literarisch herziehen zu wollen und Stücke schreiben. Wobei auch letzteres eine andere Form sein kann, andere Menschen anzugreifen. Für mich kommt Literatur nicht mehr in Frage, obwohl ich noch weiterhin Romane schreiben will. Tief in mir weiß ich bereits, dass ich dazu nicht fähig bin, weil meine Selbstzensur mich daran hindert. Ich müsste über andere schreiben, um erfolgreich zu sein, erfinden kann ich – wie Strindberg - nichts. Es hat lange gedauert, aber in letzter Konsequenz führt mich mein Weg über die Parapsychologie, hin zur Wissenschaft und doch auch wieder zurück zum Schreiben. Mit einer kleinen Korrektur. Ich kaufe mir zwar einen Chemiekasten, denn ich brauche unbedingt einen, mache dann aber nichts damit. Noch heute vergammelt er im Gartenhäuschen. Wissenschaft, ja! Aber sie ist ein Zwischending geworden - eine Verwissenschaftlichung meiner eigenen Lebenserinnerungen. Strindbergs und meiner.

Er wollte schon noch schreiben, doch lieber für Zeitungen, was er auch tat. Für ihn war es relativ leicht Journalist zu werden. Er war berühmt. Ich hingegen kann in diesem Beruf nicht Fuß fassen, weil ich schüchtern wie er bin. Unbekannt bin ich außerdem. Dabei denke auch ich zeitweise daran, diesen Beruf zu ergreifen. Noch vor meiner Erinnerung buche ich einen Kurs für Leute, die Journalisten werden wollen. Zweimal ging ich sogar hin.

Meine Fähigkeit reicht aber für das Verfassen von Leserbriefen. Dafür braucht man nicht kontaktfreudig sein. Davon schreibe ich einige, die auch veröffentlicht werden. Das genügt mir sowieso.

Was ich veröffentlichen will, das soll auch von mir selbst herausgegeben werden. Ums Verkaufen geht es mir ja nicht.

Er veröffentlichte manchmal selbst, weil sein Manuskript nicht angenommen worden war. Niemand wollte seinen Antibarbarus (den ich bisher nicht gelesen habe) und den er deshalb selbst verlegte hatte, kaufen. Hätte er Erfolg gehabt, wäre er wohl in

80

dieser Richtung weiter gegangen. Zwar gab man ihm teilweise sogar nachträglich Recht, im Großen und Ganzen musste er seinen Traum von der wissenschaftlichen Karriere aufgeben, weil seine Gedanken doch falsch waren. Die Ablehnung war vielleicht nicht stark genug, um die Idee ganz aufzugeben, weil er sich nachträglich bestätigt fühlte. Hätte er nicht das Gefühl gehabt, doch wissenschaftlich genug zu denken und nur verkannt gewesen zu sein, wäre ich vermutlich nie auf die Idee gekommen, ein wissenschaftliches Buch zu schreiben, weil ich – wie Strindberg auch – keine wissenschaftliche Ausbildung habe. Er hat mir den Mut gegeben, das Wagnis einzugehen, weil er an seine Fähigkeit glaubte.

„Ich bin gerettet. Ich kann von heut an meinen Freunden und Verwandten beweisen, dass ich kein Narr bin, ich kann die Theorien rechtfertigen, die ich vor einem Jahre in meinem Antibarbarus vorgetragen, den man in den Zeitschriften wie das Werk eines Scharlatans oder Verrückten behandelt hat, ich kann meiner Familie, die mich infolgedessen wie einen Taugenichts, wie eine Art von Cagliostro fortgejagt hat, das Gegenteil beweisen."

Strindberg malte gut und modellierte, auch ohne Unterricht gehabt zu haben. Meine diesbezüglichen Bemühungen sind eher bescheiden. Es gibt keinen großen Anreiz. Ich modelliere vor allem Köpfe, die ich für ganz gut halte, obwohl sie künstlerisch kaum wertvoll sind. Meine Malerei beschränkt sich auf Zeichenkurse in der Volkshochschule, die ich einige Zeit lang besuche. Mir ist das was wir dort schaffen etwas zu naturalistisch. Das finde ich langweilig. Deshalb höre ich damit bald wieder auf. Es ist mehr Spielerei, als ernste Kunst. Doch das Interesse ist da. Es kommt und geht. Offenbar ist es ein Talent, das ich besitze. Die ursprüngliche Kraft, welche es in Strindberg entwickelt, besitze ich nicht. Malen erscheint mir nicht mehr sinnvoll. Doch plötzlich ändert sich das. Es ist wieder da: das Gefühl etwas auf der Leinwand schaffen zu wollen. Von einem Moment auf den anderen packt es mich. Sogar an einer Kunstmesse nehme ich teil. Die dazu notwendigen Bilder muss ich erst noch schnell malen. Zum Glück gibt es Acryl. Ein Ölgemälde wäre nicht innerhalb von drei Tagen getrocknet. Offenbar sind sie nicht schlecht, denn ein aufgeregter Mann stürmt gleich am ersten Tag auf mich zu. Ziemlich aggressiv erkundigt er sich, ob ich eine Ausbildung habe. Nur Künstler ohne Ausbildung dürfen teilnehmen. Andere fragt er nicht. Schon läuft er weiter.

Ich fotografiere wie Strindberg, mit Begeisterung. Aus einem unerfindlichen Grund muss ich unbedingt einen Vergrößerungsapparat haben, nütze ihn dann aber doch nur selten. Die Möglichkeiten werden größer. Digitales Fotografieren macht es mir leichter. Es entstehen tausende Fotos. Man kann sie ins Internet stellen und auch an Wettbewerben teilnehmen. Das macht die Sache interessant.

Strindberg dachte daran Fotograf zu werden. Er wurde es nicht. Diese Überlegung kam nicht von ungefähr. Seine Familienfotos schätzte er hoch ein. Er experimentierte auch künstlerisch. Leider wurden seine Fotos von keinem Verleger geschätzt und so konnte er sie nicht verkaufen. Viele seiner Fotografien gingen verloren. Doch sein Interesse ging noch weiter. Er schuf eine ganze Reihe von experimentellen Bildern ohne Kamera und er baute sich eine funktionierende Kamera selbst. Ein Nachhall dieses Gedankens findet sich in meinem Leben wieder. Man lässt mich nachdem ich die Schule abbreche wählen, ob ich Fotohändlerin oder Buchhändlerin werden möchte. Da entscheide ich mich lieber für den Buchhandel. Strindberg war Bibliothekar. Das ist zwar nicht dasselbe, aber doch sehr ähnlich. In einer Bibliothek zu arbeiten, daran denke ich auch, doch das kommt nicht zustande. Zum Glück. Mein chaotisches Wesen bringt nämlich jede Ordnung zu Fall.

Während ich nur wenige der guten Eigenschaften Strindbergs besitze, übernehme ich fast alle seine Laster.

Johan rauchte extrem viel. Ich rauche leider einige Jahre lang aktiv. Passiv rauche ich aber schon als Baby. Oder sagen wir besser, mein Blut ist stark mit Nikotin angereichert. Von Geburt

82

an, bis zum jugendlichen Alter - ohne eigene Schuld - atme ich Unmengen Nikotin ein, in meiner Funktion als Mitraucherin. Mit etwa sieben bis acht Jahren probiere ich es erstmals selbst aus. Gemeinsam mit meinem Freund P. stehle ich den Eltern Zigarettenpapier, stopfe es mit russischem Tee, weil der ähnlich wie Tabak aussieht. Pfui Teufel! Oft machen wir das nicht. Manchmal versuchen wir sogar Zigaretten zu kaufen. Die Rauchversuche hören jedoch bald wieder auf. Erst mit ungefähr sechzehn Jahren fange ich erneut damit an. Diesmal richtig. Nicht um dazu zu gehören, nicht um "cool" zu sein, sondern weil mein Stiefvater mir das Rauchen bei Strafe untersagt. Obwohl er selbst nach Nikotin süchtig ist. Einige Jahre später stellt sich heraus, sein Verbot wäre ihm besser angestanden. Er geht an Lungenkrebs zugrunde.

Über Nacht höre ich mit dem Rauchen auf. Ich befinde mich gerade in einer Phase der Meditation. Einige Zeit über esse ich vegetarisch und mache Yoga. Die Enthaltsamkeit hält nicht ewig an. Ich beginne wieder zu Rauchen, um mich während meiner Nachtdienste wach zu halten. Erst die erste Schwangerschaft lässt mich endgültig auf den blauen Dunst verzichten.

Harriet Bosse, Strindbergs dritte Frau, litt während ihrer Schwangerschaft unter dem Zigarettenrauch, den er verursachte. Ihr zuliebe rauchte er einige Monate nicht. Also war er nicht wirklich süchtig, denn er konnte damit jederzeit aufhören. Nicht aus Liebe zum eigenen Körper, sondern aus Rücksicht auf andere. Damit schützte er auch sein Kind. So wie ich meines schütze.

Neben der Zigarette war ihm Kaffee überaus wichtig. Oft beschwerte er sich, weil er ihm nicht schmeckte. Deshalb bereitete er ihn in den letzten Jahren selbst zu. Offenbar war er ein Nörgler, dem man es manchmal nur schwer recht machen konnte, egal ob es ums Essen, oder eben um den Kaffee ging. Vielleicht hatte er aber auch Recht. Frau Anna Dahlquist löste das Problem auf ungewöhnliche Weise. Als sie sich eines

Tages irrte und sie Kaffee mit Salzwasser aufbrühte, bedankte er sich für den guten Kaffee. Nach diesem Tag fügte sie immer einige Salzkörnchen bei. Der Kaffee war seitdem immer gut und zufriedenstellend. Auch das mag mit seiner Krankheit in Beziehung gestanden sein. Es kann aber viele Ursachen haben. Durch Alkohol und Nikotin kann sie entstehen, durch Gifte natürlich auch. Man nennt die Geschmacksveränderung Dysgeusie.

Die meisten Menschen können vermutlich nachvollziehen, dass Kaffee schmecken muss, damit man ihn trinkt. Mir schmeckt Kaffee meistens nicht, egal wie man ihn zubereitet. Deshalb trinke ich ihn mit viel Milch und sehr viel Zucker. Vom Kaffeegeschmack bleibt dabei nichts über. So wie ich mir das Rauchen mit Gewalt angewöhne, ist es auch mit dem Kaffeetrinken. Eines Tages komme ich auf die Idee, ab sofort Kaffee zu trinken - und ich finde ihn grauenhaft. Niemand hat mir derartiges verboten, niemand hat mich dazu verführt. Es ist ein unerklärlicher Wunsch etwas trinken zu wollen, das ich verabscheue.

Es gelingt mir nicht, eine perfekte Frau zu sein. Zwar bin ich Mutter und Hausfrau, bin fremden Männern gegenüber zurückhaltend. Was in manchen Dingen durchaus dem Idealbild, das Strindberg von einer Frau hatte, ähnlich ist. Aber leider bin ich alles andere als eine gute Hausfrau. Waschen, putzen, kochen sind Tätigkeiten die ich mehr hasse, als alles andere. Ich schaffe es sogar den teuren AMC Kochtopf, auf den es lebenslange Garantie gibt, beim Kochen zu zerstören. Die Türe zur Dusche hat noch immer eine arge Delle, weil der Druckkochtopf durch die Luft fliegt und dagegen prallt. Zum Glück ist gerade keines der Kinder in der Küche. Gläser rutschen mir ständig aus der Hand. Die Fliesen sind voller Narben. Nein, das ist nichts für mich. Lieber grabe ich den Garten um, tapeziere, oder streiche die Türen. In erster Linie schreibe ich, denke nach, philosophiere, mache meine Traumstudie. Ich mache ansonsten nur was unbedingt nötig ist. Deshalb sieht es bei mir nicht so perfekt aus, wie bei Strindberg, wenn er gerade eine gute Haushälterin hatte. Was jedoch nicht immer der Fall war. Hören wir, was er zu diesen Tätigkeiten zu sagen hat:

"*Meine Wirtschafterin ging, das Haus stand Kopf: Sechsmal in vierzehn Tagen musste ich die Dienstboten wechseln, eine schlechter als die andere. Schließlich musste ich alles selbst machen, decken und heizen; ich aß schwarzen Schweinefraß aus einem Essenholer - mit einem Wort, ich musste alle Bitterkeit auskosten, die das Leben bieten kann, ohne den Grund dafür zu erfahren*."

Offen gesagt kenne ich auch nicht den Grund für alle Bitterkeit, die ich auskosten muss. Seine Frauen hatten wenigstens Personal. Ich liebe Ordnung. Es fällt mir nur schwer sie zu halten. Doch wenn andere sie für mich machen, bin ich sehr dankbar dafür. Wäre die Lohn/Strafe Theorie richtig, Müsste ich eigentlich belohnt werden, weil er seine Frauen nicht zum Putzen und Kochen zwang. Offenbar ist diese Logik falsch, denn sonst wäre ich von Personal umgeben. Genau das Gegenteil ist der Fall. Zeitweise wasche ich sogar die Wäsche

85

mit der Hand, weil oft die Waschmaschine kaputt ist. Für sechs Personen! In solchen Situationen frage ich mich: War ich irgendwann ein Wäschermädel?

Auch in Bezug auf Pünktlichkeit stimme ich mit Strindberg überein. Ich bin unfreiwillig immer sehr pünktlich, weil mich meine Mutter regelmäßig zu früh weg schickt. Oft sogar eine Stunde zu früh. Das nervt und das klingt schon sehr nach Strafe.

Johan wurde nervös, wenn jemand unpünktlich war.

Mich macht das auch nervös und unruhig. Auch wenn ich jetzt selbst nicht mehr immer so ganz pünktlich bin, weil meine Mutter mich nicht mehr wegschicken kann. Irgendwie sitzt sie mir noch im Nacken. Das kann man nicht einfach so ablegen. Wer eine Stunde zu früh dran ist, wartet nicht gerne auf jemanden der eine Stunde zu spät kommt!

Wollen mich "die Mächte" für irgendeine Unpünktlichkeit bestrafen? Meistens habe ich es mit außergewöhnlich unpünktlichen Menschen zu tun. Sie kommen fast immer sehr zu spät und manchmal gar nicht.

Lassen wir nun einwirken, was ich an Vergleichen bringe. Es gibt ziemlich viele Übereinstimmungen. Manche sind vielleicht alltäglich. Einige sind eher ungewöhnlich. Kann man da von Zufall sprechen?

Strindberg beschäftigte sich unter anderem auch mit Alchemie und machte zahlreiche Experimente, die zu einer Allergie führten. Gold wollte er herstellen, wofür er von aufgeklärten Zeitgenossen verlacht wurde. Er war nicht der Einzige, der das versuchte. Diese Idee stammte wahrscheinlich auch gar nicht von ihm selbst, sondern vielleicht aus einem Vorleben.

Heute weiß man, dass man so ziemlich alles herstellen kann, bis hin zu Diamanten. Nur kostet die Erzeugung meistens mehr,

86

als das natürliche Produkt. Wenigstens was die Herstellung von Gold betrifft, ist das der Fall.

An seiner Idee Alchemist zu werden, erkennt man den mittelalterlichen Menschen in ihm, der sich in die Neuzeit verirrte, ohne sich richtig anzupassen. Genauso wird er von manchen seiner Bekannten auch beschrieben. *"Er macht den Eindruck, als sei er direkt aus dem Mittelalter gekommen!"*

Ich habe auch mittelalterliche Ideen. Zeitweise jedenfalls. Chymische Experimente lasse ich bleiben. Was mir die Allergie nicht erspart. Meine Kobalt Allergie macht sich insofern bemerkbar, als meine Hände Risse aufweisen, die wie Schnitte aussehen. Als Jugendliche habe ich sogar in der Mitte der Handfläche immer wieder eine offene Stelle. Sie erinnert mich an Wundmale. Zu der Zeit schlage ich mich auch noch mit der Religion herum. Diesen Unsinn habe ich zum Glück endlich überwunden.

Alchemie im chemischen Sinn interessiert mich. Ein Chemiekasten muss her. Benützen mag ich ihn nie. Vielleicht laufen sich starke Interessen und wichtige Tätigkeiten im Laufe der Wiedergeburten irgendwie tot? Man hat das Bedürfnis sie weiter zu betreiben. Der Sinn ist jedoch bereits verloren gegangen. Genau genommen weiß man es schon besser. Ungefähr so wie verschiedene Bräuche noch immer ausgeübt werden, obwohl niemand mehr über ihren Ursprung, oder ihren Sinn Bescheid weiß. Sie siechen dahin und werden irgendwann vergessen.

Ein Perpetuum mobile möchte ich erfinden und träume sogar einmal davon. Ich sehe es im Traum deutlich, zeichne es auch. Ich baue es nicht.

Zum Glück hatte C. G. Jung in der Zwischenzeit einiges über die Symbole der Alchemie geschrieben. Das hilft mir, eine neue Einstellung zur Alchemie zu entwickeln. Ich zeichne fleißig alchemistische Darstellungen nach, deren Sinn ich zu ergründen versuche. Das einzige Zeichen das ich verstehe, ist

87

der Jungbrunnen, der eine symbolische Darstellung der Wiedergeburt ist. Meiner Meinung nach hat er nichts mit Alchemie zu tun, sondern eher mit den Katharern.

Ist es also Gold, welches ich finde, wenn auch nur das philosophische, um das es mir immer mehr geht, als um das materielle? Nein. Alchemie ist reiner Unsinn. Die Alchemisten mögen aufgrund ihrer erhöhten Konzentration und vielleicht auch aufgrund gewisser Vergiftungen durch ihre Arbeit mit chemischen Produkten, zu Visionen gekommen sein. Mit Alchemie hat das jedoch nichts zu tun. Dazu benötigt man sie nicht. Daher: Auf den Müllhaufen der seelischen Geschichte damit! Ich überwinde diese Idee endlich. Die anfängliche Faszination ist verflogen.

Wende ich meine Logik der Seelenwanderung an, komme ich zu dem Schluss, Strindberg könnte in einem seiner Vorleben Alchemist gewesen sein. Sollte er sich dabei vergiftet haben, könnte sein Leid dort den Ursprung haben. Das Wiederholen eines Zustandes, von dem er dachte er sei notwendig, um zu höherem Wissen zu gelangen.

Der Theosophie hingegen kann ich von Anfang an absolut nichts abgewinnen, was sich auch bei Strindberg abzeichnet - der deutlich macht, wie wenig er von Frau Blavatsky und von anderen Theosophen hält. Es zieht mich gar nicht erst in diese Richtung und es gibt auch fast keine Konfrontation damit. Nur einmal lerne ich eine junge Dame kennen, die in einer Rudolf Steiner Schule unterrichtet wurde. Sie ist Lehrling in der Buchhandlung. Das arme Mädchen ist dumm. Sie schafft nicht einmal die Berufsschule. Das sagt einiges aus, über ihre Schule. Dabei ist ihr Vater Professor. Er sollte wissen, dass sie dort nichts lernt.

Strindberg bewegte sich, wie erwähnt, in okkulten Kreisen. Auch Artikel schrieb er zu diesem Thema. August Falck, ein Mann den Strindberg aufgrund seines Namens sofort akzeptierte, erzählt eine seltsame Geschichte. "Ein reicher Mann, Isaac Hirsch, gab jeden Morgen Bettlern Almosen. Das

88

beobachtete Strindberg und er meinte, der Mann gebe zu wenig, denn mit weniger als einer Krone sei ihnen nicht geholfen. Das werde nicht ungestraft bleiben, erklärte er dem Freund. Diese Szene verwendete er in der Gespenstersonate. Aus Hirsch wurde Hummel, den er wie in einem Triumphwagen im Rollstuhl fahren lässt. Ein Jahr später fuhr Isaac Hirsch tatsächlich im Rollstuhl.

Ähnliche Ideen über die Zukunft anderer Leute äußere ich auch manchmal. Sie fallen mir spontan ein und stimmen auch.

Eine kleine Bemerkung dazu am Rande, um die Kuriosität mancher Parallelen, oder Zufälle, oder wie immer man es sehen und nennen mag, zu zeigen. In der Volksschule habe ich einen Schulkollegen der Hirsch heißt. Die meisten Nachnamen der Mitschüler vergesse ich, weil niemand die anderen damit anspricht. Bei diesem ist es anders. Die Kinder hänseln ihn mit dem blödsinnigen Spruch "Hirsch heißt ein Mann - Hier scheißt ein Mann", was mir leider auch sehr gut gefällt. Blödsinn merkt man sich gut.

Der Name Isaac Hirsch deutet darauf hin, dass sein Träger vermutlich Jude war. Auch in Schweden wuchs der Antisemitismus und Johan schimpfte über manche Juden, die seine Manuskripte ablehnten. Gleichzeitig erklärte er aber auch, nicht wegen ihrer jüdischen Herkunft über sie her zuziehen. Er hatte auch jüdische Freunde. Gerade Juden waren es auch, die ihn finanziell oft unterstützten. Mehrmals betonte er, dem alten, biblischen Wüstengott näher zu sein, als dem christlichen. War er in einem Vorleben Jude?

Einen Menschen kann man nur aus seiner Zeit heraus erklären und verstehen. Deshalb sollte man scheinbar antijüdisches, das Strindberg angeblich schrieb, nicht zu ernst nehmen. Ich glaube nicht, dass er Antisemit war. Ein kleines Beispiel für die Versuche bösartiger Menschen, ihn für eigene Propaganda zu benützen, findet sich in einem Brief an Schering.

89

"_In meinem Artikel "Herr Redakteur", Abendzeitung vom 23. Jän., steht hebräische Mythologie; im Manuskript stand heidnische, also Manuskript gefälscht. Bitte ändern sie das_!"

Er wunderte sich, weil die Eltern seiner österreichischen Frau sich gegen Juden negativ äußerten, obwohl sie selbst zum Teil jüdische Vorfahren hatten. Da er eine Tochter mit Frieda Uhl hatte, lässt sich der Vorwurf des Antisemitismus gegenüber Strindberg nicht aufrecht halten. Schließlich war auch seine Tochter teilweise jüdischer Abstammung. Das spielte für ihn keine Rolle. Seine spätere Ablehnung hatte sicher andere Gründe. Kerstins Großeltern waren wohlhabend. Sie konnten es sich leisten, für ihr Enkelkind zu sorgen. Er hingegen hatte meistens kein Geld und noch vier andere Kinder zu versorgen. Die komplizierte Beziehung zu Frieda Uhl mag ebenso zum Tragen gekommen sein. Aus einer Beziehung mit Frank Wedekind hatte sie noch einen Sohn, der ebenfalls Strindberg hieß, obwohl die Ehe zwischen Uhl und Strindberg annulliert worden war. Friedrich Strindberg-Wedekind war Journalist. Er benützte das Pseudonym Uhlson - also Sohn von Uhl. Ich denke er wurde nicht - wie vielfach behauptet - von Strindberg als Sohn akzeptiert. Seine Mutter benützte ganz einfach den Namen Strindberg für ihn, ohne lange um Erlaubnis zu fragen. Behauptet wird auch, er musste in Deutschland vor Verfolgung Angst haben, weil sein leiblicher Vater fälschlich als Judenmischling eingestuft wurde. Als Sohn von Frieda Uhl hatte er von seiner Mutter her jüdische Vorfahren. Frieda war extrem beherrschend, was für Strindberg wohl auch ein Grund gewesen sein mag, sie nicht mehr - über ihre Tochter - an sich herankommen zu lassen.

Johan ließ sich mitunter berichten, wie sich der aufkeimende Antisemitismus äußere. Dieses Thema beschäftigte ihn offensichtlich.

In meinem Leben spiegelt sich diese Beschäftigung mit Judentum und Antisemitismus wider, wenn auch auf andere Weise. Heute gibt es in unserer Gesellschaft relativ wenige

Menschen, die sich mit diesem Thema objektiv auseinander setzen, weil die blutige Vergangenheit noch nicht überwunden ist. Antisemiten gibt es noch immer genug, aber die schweigen eher in der Öffentlichkeit. Jeder vernünftige und gebildete Mensch weiß heute, wie unsinnig der Versuch ist, Menschen in Rassen oder in Völker einzuteilen. Wir alle sind total vermischt. Der Rassenbegriff lässt sich auch unter größten Mühen nicht mehr halten. Niemand kann mit Sicherheit feststellen, wer seine Vorfahren waren. Selbst ein Gentest gibt darüber nur teilweise Auskunft. Es gibt Geschwister die genetisch miteinander überhaupt nicht verwandt sind. Das passiert äußerst selten, aber es kommt vor. Meistens erbt man einen Teil der mütterlichen und einen Teil der väterlichen Gene. So kann ein Kind jüdische Gene aufweisen, ein Geschwisterkind aber nicht. Trotzdem haben beide jüdische Vorfahren. Es kann auch sein, dass Kinder bei der genetischen Bestimmung einem bestimmten Volk zugeordnet werden, die Eltern aber nicht. Weil diese Gene bei ihnen einen so geringen Anteil ausmachen, dass sie nicht ins Gewicht fallen. Wer heute noch an Rassen glaubt ist entweder dumm, oder ungebildet.

Möglich wäre ein Zusammenhang zwischen den dominanten Genen und früheren Leben. Vielleicht produzieren wir unsere Erbmerkmale in Form von Genen. Denn was sind Gene? Es sind im Prinzip Codes, die auf Aminosäuren basieren. Diese Codes entscheiden über Aussehen und Charakter eines Lebewesens. Welche Gene Strindberg hatte weiß ich nicht - leider. Ein Vergleich wäre interessant. Vermutlich hatte er auch - aber nicht nur - skandinavische Gene. Auch ich habe skandinavische Gene. Welche Überraschung!

Die zeitweise intensive Beschäftigung Strindbergs mit dem Judentum, könnte auf ein Vorleben als Jude, aber auch auf das eines Judenverfolgers hindeuten. Der ewige Büßer muss anders eingeschätzt werden, als ein skrupelloser Zeitgenosse. Da er glaubte, für frühere Verfehlungen büßen zu müssen, kann man auf ein echtes Büßen für begangene Untaten schließen. Etwas muss da dran sein. Nur so lassen sich seine diesbezüglichen Probleme erklären. Die Frage ist bloß: was hat er seiner Meinung nach verbrochen? Das wusste er ja selbst nicht (mehr).

Johan gefiel die Großzügigkeit des jüdischen Mannes nicht, weil er meinte, dieser würde zu wenig geben, während er selbst reichlich gab. Er neigte zum Spenden und Schenken. Das hatte zur Folge, dass er nicht sehr gut mit Geld umgehen konnte. Er wusste nie wie viel Geld er hatte, sofern er gerade überhaupt Geld besaß. Deshalb war er oft auf die Hilfe von Juden angewiesen, die ebenso großzügig waren wie er. Eine paradoxe Situation.

Auch diese Eigenschaft scheine ich geerbt zu haben, denn in finanziellen Belangen bin ich überfordert. Selbstredend finde ich einen Mann, der auch reichlich gibt und mit Geld nicht umgehen kann. Ganz zu schweigen von meinem Großvater, der im Alter sogar auf der Straße seine Pension an Fremde verteilt. Obwohl die Familie arm ist.

Manchmal wünsche ich mir, das Geld zu haben, das wir ohne zu überlegen gespendet, oder verschenkt haben. Als Mutter von Kindern die vieles brauchen, sieht die Sache wieder anders aus. Das begreife ich erst jetzt.

Wieso kommt ein Mann der Frauen hasst - was jedoch nicht immer der Fall war - dazu, selbst als Frau geboren zu werden? Wie ließe sich das logisch erklären? Das ist mit Sicherheit die wichtigst aller Entscheidungen für ein neues Leben. Welches Geschlecht wählt man. Wählt man es tatsächlich, oder bestimmt der Zufall es?

Ich denke man wählt es selbst.

Oder war es Strafe, die ihm vom Schicksal auferlegt wurde, ausgerechnet als Frau wiedergeboren zu werden?

Frauenhass entsprach zu seiner Zeit der öffentlichen Meinung. Es war immer schwer, sich den gerade gängigen Meinungen zu verschließen, für den mittelalterlichen Büßer Strindberg war es unmöglich. Dabei stimmt dieses Vorurteil ihm gegenüber gar nicht wirklich. Er hasste Frauen, weil er sie liebte. Johan erklärt sein Verhältnis zu Frauen auf folgende Weise:

"*Als Buddhist bin ich, wie Buddha und seine drei großen Lehrjungen, Frauenhasser, wie ich die Erde hasse, weil sie meinen Geist bindet, und weil ich sie liebe. Die Frau ist für mich die Erde und alle ihre Herrlichkeiten, das Band das bindet; und alles Schlechte vom Schlechtesten, was ich gesehen habe ist Weibsgeschlecht.*"

An dieser Stelle sagt er uns zweierlei. Erstens ist er gerade Buddhist. Zweitens hasst er die Frauen, weil er ein "reines Leben" führen möchte und nicht kann, solange die Frau ihn lockt. Genau genommen hasst er seine eigene Sexualität. Sie zwingt ihn, sich Frauen zu nähern, sie zu begehren, zu lieben. Das projiziert er auf die Frau, wie es viele primitive Männer auch tun. Sie ist die Verführerin, die Verzaubernde, die Hexe, welche den Mann in ihren Bann zieht und ihn willenlos macht. Strindberg hasst die Frau, weil er sie liebt. Sie macht den Frommen zu dem was er ist: zu einem Sünder. Weil sie voller Sünde ist, denn Sex ist Sünde. So lehrt es die Religion.

93

Das erklärt vieles. Er glaubt das Band lösen zu können, das ihn an die Erde und an das Leben an sich bindet, indem er die Bande abschneidet, die ihn an das Weib binden.

Kehrt man den Gedanken um ist es logisch, lieber als Frau wiedergeboren zu werden. Da erspart man sich die sexuelle Lust. Religiöse Frauen dürfen eine solche sowieso nicht besitzen. Ihre Aufgabe ist es, den sexuellen Wünschen der Männer nachzukommen. Bleibt eine Frau alleine, kann sie sich ganz und gar der spirituellen Entwicklung hingeben. Es ist ja dann niemand da, der ihr Fesseln anlegt, mit denen sie ans Leben gefesselt bleibt. Sie ist frei, weil ohne sexuellen Zwang - glaubt Johan Nur stimmen diese Überlegungen leider nicht. Die Annahme einer logische Entwicklung zeigt, wie richtig meine Gedanken dazu sind.

Ich bin mehr als zurückhaltend. In meiner Familien glauben viele, ich werde niemals einen Mann finden. Aus einem einfachen Grund: Ich suche keinen. Im Gegenteil weiche ich Männern aus, wo es geht. Das halte ich lange Zeit durch. Doch plötzlich ändere ich meine Lebensweise. Strindbergs Wunsch nach Familie und Kindern scheint sich nun durchzusetzen.

Bedenken muss man, dass die verschiedenartigen und oft einander widersprechenden Wünsche und Ängste zeitweise miteinander kollidieren.

Wenn man Frauen gleichzeitig hasst und liebt, kann man auch als Frau geboren werden, ohne sich selbst zu hassen, weil man Frau ist. Trotzdem bleibt wohl ein Rest an Ablehnung der eigenen Weiblichkeit. Von Selbsthass möchte ich in meinem Fall nicht sprechen. Eine Abneigung gegen meine Weiblichkeit ist jedoch vorhanden. Ich möchte Hosen tragen, mit Buben spielen, kämpfen.

Sein Hass entstand aus einem religiösen Bedürfnis heraus. Frauen stören einfach nur seinen inneren Frieden. Der Welt wollte er entsagen. Genau das will ich auch. Leider kann ich keine Heilige werden, weil ich nicht religiös bin. Den Glauben

94

an einen Gott habe ich mehr oder weniger abgelegt. Einen Versuch wage ich. Dazu fahre ich nach Indien, wie ich bereits erwähnte. Nicht um als Hippie zu leben. Es soll ein heiliges Leben werden. Man kann sagen es handelt sich um seinen sehr starken Wunsch, um ein wichtiges Ziel. Auch um den Wunsch des Büßers, in einem Kloster ohne religiösen Zwang zu leben.

Endlich überwinde ich den Wunsch nach Heiligkeit, indem ich ihn als falsch erkenne. Dazu muss ich erst nach Indien pilgern, sonst bleibt er mir erhalten. Warum gerade Indien? Auch das wurde von ihm direkt vorgegeben. Es war schon sein Ziel. Alles was in meinem Leben vor dieser Reise geschieht, bereitet den Weg vor.

André Chevrillons Reisebuch über Indien mit dem Titel "Dans l`Inde (1891) faszinierte ihn so sehr, dass er meinte er: *Jetzt bin ich ein Hindu*. Das kenne ich sehr gut. Abwechselnd bin ich auch Katharer, Zarathustrier, usw.

Wieder taucht dieselbe Logik auf. Man kann sie beliebig auf alle meine Erlebnisse anwenden. Ich fahre wegen Sri Aurobindo nach Indien. Dieser war Hindu, angeblich beeinflusst vom Christentum. Wovon ich nicht viel bemerkt habe. Es ist der einzige Ashram in Indien, vermutlich auf der ganzen Welt, der mich überhaupt anziehen kann. Jeder andere Ashram, jeder andere Guru fordert Disziplin. Das kommt für mich niemals in Frage. Ich denke selbst und ich handle nach eigenem Ermessen. So wie Strindberg Gehorsam hasst.

Die nächste Frage die sich aufdrängt, ist die nach dem Geburtsort. Warum wurde ich ausgerechnet hier, in diesem Land geboren? Wieso nicht in Schweden? Schließlich hatte Johan dort seine Familie. Oder wie wäre es mit Frankreich, wo er viele Jahre seines Lebens verbrachte. Auch die USA könnte man sich vorstellen, weil er in den letzten Lebensjahren an eine Reise dorthin dachte - oder nein - das hatten die Mächte verboten.

95

Also welcher Grund, welcher Umstand hat dazu geführt, dass ich ausgerechnet in Österreich geboren werde?

Wieder antwortet er ganz klar und deutlich, liest man aufmerksam was er schreibt.

"Es scheint, Schweden bekommt keine Ruhe, bis ich tot bin? Und als wartete man nur darauf, das Begräbnis durchführen zu können. Meine Eindrücke von Österreich. Jaa! Ich fühle mich hier mehr daheim als in Schweden, und mir ist, als sei ich hier geboren, denn hier habe ich einen Baum gepflanzt und hier ein Kind gebären lassen."

Das ist eine sehr klare Erklärung, weshalb ein Schwede in Österreich geboren werden möchte. Auch wenn man sich fragt, wo er die anderen Kinder gezeugt hat. Oder sind sie ihm etwas weniger wichtig als dieses eine, österreichische? In gewisser Weise ja, weil ein ,,Büßer" sich wohl mehr seiner Schuld zuwendet, als der Schuld anderer. Das spricht die zweite Erklärung, die er hinterlassen hat an, die sowohl die Ortswahl, als auch die Wahl des zukünftigen Geschlechts deutlich erklärt:

...*"und noch schlimmere Geschichten bestärken mich in meiner Überzeugung, dass diese Gegend ein zum Büßen vorherbestimmter Ort ist.*"

Damit meint er die Gegenden um Saxen und den Mondsee. Dort waren seine Schwiegereltern zu Hause. Er hätte Saxen, oder einen Ort am Mondsee als Geburtsort wählen können. Das würde der Hinweis auf die Buße unterstellen. An anderer Stelle schreibt er aber:

"Einige Zeit möchte ich ein Wiener sein."

In Wien war Strindberg nie. Er reiste zu früh ab. Die Idee blieb offenbar lebendig, eingebrannt in das Unterbewusstsein. Aus welchem Grund auch immer. Vielleicht hatte man ihm viel über Wien erzählt. Friedas Vater lebte und arbeitete in Wien, bei der Wiener Zeitung. Auch Frieda hatte in Wien gelebt. Sie sprach

Dialekt. Für ihn klang das Wienerisch, was es vermutlich nicht war.

Einige meiner Vorfahren sind genauso großbürgerlich, wie die Vorfahren seiner zweiten Frau. Mit einem ähnlichen Background. Eine meiner Großmütter war Journalistin, wie Frieda Uhl. Sein vermutlich einziger Bezug den er überhaupt zu Österreich hatte, war die Familie Uhl. Die Schwiegermutter faszinierte ihn. Durch sie kam er zu Swedenborg, den er als junger Mann verabscheut hatte. Swedenborg ist mir in meiner Jugend nicht bekannt. Schweden zieht mich nicht an. Alle Länder oberhalb der Donau sind mir unsympathisch, obwohl ich dort nie war und ich auch nie viel darüber gehört habe. Nordische Literatur habe ich niemals gelesen, wobei ich sowieso nur Ibsen und auch den nur dem Namen nach kenne. Diese Länder stelle ich mir kalt - sowohl in klimatischer Hinsicht, als auch in Bezug auf die Menschen vor. Kalt, trostlos, traurig, denke ich, müssen die Menschen dort sein. Wenn ich jetzt von den lustigen Schweden höre, kann ich mich nur wundern. Ein lustiger Nordländer? Ja, gibt es denn das wirklich? Swedenborg lerne ich erst aufgrund meiner Strindberg Forschung kennen. Lange nachdem ich die Erinnerung habe. Mehr oder weniger zufällig im Internet. Natürlich lese ich was er geschrieben hat - und bin entsetzt! Wie kann man das glauben?

Wieder erkennt man die logische Verkettung der Ereignisse. Er hat Swedenborg wieder überwunden. In meiner Person. Endgültig.

Liest man den Bericht von Stjernstedt, findet man eine mögliche Erklärung, weshalb ich keinerlei Interesse für Swedenborg in diesem Leben aufbringe.

"Haben sie Swedenborg gelesen?" fragte Strindberg. Nein. "Ich wünschte", sagte er, "Sie versprächen mir, ihn nie zu lesen." "Warum?" Darauf wollte er nicht eingehen.

Die Wirkung Swedenborgs auf ihn ist offensichtlich nur noch schwach und auch nur vorübergehend vorhanden. Auf mich wirkt sie gar nicht mehr. Sie beschäftigt mich nicht, doch sie bestätigt mich in einem Punkt. Es gibt Hellsehen, es gibt paranormale Fähigkeiten. Swedenborg hatte sie. Das hat er bewiesen. Kein Geringerer als Kant bezeugt es. Seine Geisterwelten sind hingegen Auswüchse eines kranken Menschen. Offenbar kann man paranormale Fähigkeiten haben und gleichzeitig krank sein. Diese Lehre ziehe ich aus der Begegnung mit seinem Werk.

Was den Namen Uhl betrifft, schlagen Strindbergs "Mächte" zu, die er immer wieder beschwört. Mein Geburtsname lautet Ulovec. Es ist ein tschechischer, eigentlich slowakischer Name, was für Johan vielleicht keinen sonderlich großen Unterschied macht. Ul(ovec) erinnert an den Namen Uhl und das ist auch mein erster Gedanke, als ich den Namen Uhl erstmals lese. Dabei weiß ich noch nichts von seinen Assoziationen. Was mir auch noch nicht bekannt ist: Ulovec wird manchmal auch Uhlowetz geschrieben. Da ist die Ähnlichkeit schon größer. Die Zuständigen für Eintragungen in das Kirchenbuch waren sich oft nicht einig, wie man den Namen schreiben soll.

Es wäre an sich vielleicht sonderbar auf den Gedanken zu kommen, Assoziationen anzustellen, hätte sich nicht auch Strindberg Gedanken zu diesem Namen gemacht:

"*Wie viele grausame Stunden habe ich diese Swedenborgische Infernolandschaft Böhmen betrachtet. Das letzte Mal schlief ich in Tabor. Am Morgen, als ich die Gardine aufrollte sah ich die Stadt rosarot und auf einem Aufhängeschild stand geschrieben: "Uhli Prodci". Ich verstand es nicht, aber ich dachte es habe eine Beziehung zu Uhl.*"

Will mir mein Unterbewusstsein ein Zeichen geben, um mir zu bedeuten, diese Assoziationen seien ein wichtiger Gedanke? Ja, ich glaube im Moment wie Strindberg an Zeichen, auch wenn ich sie keinem höheren Wesen zuschreibe, sondern meinem eigenen Unterbewusstsein. Denn plötzlich spielt der Computer verrückt, während ich über diese Überlegungen schreibe. Das passiert während ich die erste Fassung dieses

98

Buches, im Jahre 2007, fertig stelle. Ich schreibe das Buch, das nicht und nicht die Form annehmen möchte, die ich akzeptieren könnte, schon mindestens in der fünften, oder sechsten Fassung. Deshalb kopiere ich gerade Teile des alten Textes in den neuen. Das letzte Zitat, in dem der Name Uhl genannt wird, kopiert er nun einige hundert Mal hintereinander und ich weiß nicht, wie das geschieht. Der Prozess lässt sich auch nicht unterbrechen. Handelt es sich hierbei um eine Synchronizität der Ereignisse, wie Jung es nennt, also eine eigentlich Sinn-lose Gleichzeitigkeit von Ereignissen, die eine seltsame Gemeinsamkeit aufweisen, oder gibt es doch einen tieferen Sinn?

Ich glaube eher an eine tiefere Bedeutung, an den Versuch, uns auf diese Weise etwas bewusst zu machen, weil es dem Tagesbewusstsein nicht möglich ist, die Signale, die aus unseren seelischen Tiefen dringen, zu verstehen. Eine verbale Kommunikation zwischen Unterbewusstsein und Bewusstsein ist ja leider nicht möglich.

Über Johans Verhalten seiner Tochter Kerstin gegenüber, wäre noch etwas hinzuzufügen.

Seine problematischen Lebensumstände machten es ihm unmöglich, sich um das Kind zu kümmern. Es bleibt jedoch seine Schuld, die Tochter im Stich gelassen zu haben. Das empfand er auch so. Die berufstätige Mutter, die sich von allem Anfang an nicht um das Kind kümmern mochte, gondelte irgendwo in der Welt herum. Was er ihr vermutlich nie verziehen hat. Schon ihre Berufstätigkeit war ihm ein Dorn im Auge. Doch dass sie das Kind überhaupt verlässt, ist für ihn, den Kinder liebenden Vater, der sich nach einer intakten Familie sehnt, eine Ungeheuerlichkeit. Er schreibt seiner Tochter aus der Ferne zahlreiche Briefe, bricht später aber den Kontakt total ab. Weil die kurze Ehe nicht einmal geschieden, sondern ganz einfach für ungültig erklärt wurde, war festgestellt: er war ein Bigamist. Eine unerhörte Sache für einen Mann, der stolz verkündete, immer monogam gewesen zu sein und zeitweise sogar wie ein Mönch gelebt zu haben.

Schuld und Sühne - im selben Land, unter beinahe denselben Umständen, leben und erleben müssen. Das ist die Logik im Denken Strindbergs, die immer wieder thematisiert wird.

Die Überlegungen bezüglich des Namens Uhl führt er weiter aus:

"*Vielleicht sind wir Strindberg auch von Böhmen, meine Mutter war sicherlich eine Bohemien (Gypsis, Tzsigane) und ich war ja immer ein Bohemien. So findet sich alles wieder wenn es sich aufsucht. Auf deiner letzen Haagenportrait, du siehst ja aus wie ein Taterjunge!*"

Und gibt damit wieder einen Hinweis auf seine Überzeugung, alles würde sich wiederholen müssen. Ist es da nicht wieder Teil der bereits bekannten Logik, dass ein Teil meiner großelterlichen Familie aus diesem dunklen Böhmen, dem er sich indirekt verbunden fühlt, stammt; dass also meine Mutter eine (zumindest halbe) "Bohemien" ist? Auch wenn damit etwas anderes gemeint sein könnte, als "der Böhme", oder der "Gypsi". Es sind wieder rein sprachliche Assoziationen. Offenbar kannte sich Strindberg mit den Völkern und Ländern die er bereiste, nicht immer so ganz richtig aus. Sicher hinterließ Böhmen einen bleibenden Eindruck bei ihm.

Jenseits von Schuld und Sühne keimen Wünsche und Sehnsüchte, treiben Ängste uns vor sich her. Gebüßt habe ich genug für seine Fehler. Da sie ja die meinen sind. In jeder Hinsicht. Erst jetzt wo ich langsam anfange, Strindberg als Teil von mir zu akzeptieren, kann ich die Buße ertragen. Davor war sie mir nicht bekannt. Die eigentliche Grausamkeit des Vergessens liegt darin, dass wir einen Weg fortsetzen, den wir vor langer Zeit beschritten haben. Ohne den ursprünglichen Sinn noch zu erkennen.

100

"Aber ich, der Reisen hasse, traume immer "Platz ändern!"
(Das ist kein Rechtschreibfehler, sondern Strindbergs Deutsch)

Die Zwiespältigkeit Strindbergs lässt sich auch hierin erkennen. Zum Teil war er gezwungen, immer wieder Schweden zu verlassen. Es war ein Schutz für seine Familie. Das Gefühl in Schweden verkannt zu sein und der Glaube, in Österreich sühnen zu können und zu dürfen, mag in mir die Liebe zur schwedischen Landschaft aufgehoben haben, zugunsten der Buße. Der ewig Reisende, der gerne sesshaft wäre und diesen Wunsch erst im Alter erfüllen konnte, wollte Ruhe finden, von der Unrast die ihn treibt.

Ich bin im Gegensatz dazu ein sehr sesshafter Mensch, und ich verreise höchst ungern, obwohl es auch eine kurze Zeit gibt, in der ich mehrere kleinere, sehr kurze Reisen unternehme. Das Gefühl weg zu müssen, nie mehr wieder nach Hause zu kommen, spüre ich dabei aber immer wieder. Es verschwindet erst als ich Kinder bekomme. Endlich darf er, in meiner Person, an einem Platz verharren.

"Geliebt werden: die Sühne für ein Verbrechen! Wahrhaftig, die Mächte sind nicht so grausam wie wir!",

meinte er, als er der Tochter die innere Sammlung opferte. Also muss Sühne nicht nur schmerzhaft sein. Wonach sehnt er sich wirklich? Nach Liebe, die keine Bedingungen stellt. Nur eine Mutter, oder ein kleines Kind ist dazu fähig. Von seiner Mutter fühlte er sich ungeliebt. Das war die tiefste Problematik in seinem Leben, deren er sich auch bewusst war. So bewusst, dass sie sich mir einprägt, als ich mich an sein/mein Leben erinnere.

Ob ich mich von meiner Mutter geliebt fühle, ist schwer zu sagen. Unsere Beziehung ist ziemlich kompliziert. Mein Vater behauptete ein ungeliebtes Kind zu sein. Dieses Thema ist also auch in meiner Lebensgeschichte zu finden.

Das Leben von Frauen ist weit schwieriger, als das der Männer. Da hat seine österreichische Schwiegermutter wohl Recht. Als Frau geboren werden, heißt doppelt büßen, meinte sie. Das war ihm nicht klar. Ihm schien es so, als hätten es die Frauen leichter als die Männer. Hier scheint es einen Widerspruch zu geben. Warum wollte er als Frau geboren werden - die Gründe dafür habe ich dargelegt - wenn er, der Büßer, glaubt die Frauen hätten es leichter? Vielleicht hat er ihr tief in seinem Inneren, irgendwann doch geglaubt? Als Frau geboren werden, um doppelt zu büßen! Und ich büße doppelt und mehr. Mein Weg führt mich durch die Hölle.

Mein Leben weist einige Elemente von Kerstins Leben auf.

Ich wachse wie sie bei den Großeltern auf, jedoch ohne die Mutter deshalb zu verlieren. Meine Mutter wohnt in demselben Haus wie meine Großeltern. Auch meine Mutter ist berufstätig, wie seine zweite Frau. In diesem Fall differiert die Geschichte ein wenig, es gibt also keine komplette Übereinstimmung. Was aber nicht verwundert, weil dieser Teil der Geschichte nicht Strindbergs Verantwortung unterliegt. Nicht er nötigte Frieda, das Kind zu verlassen. Das war ihre eigene Entscheidung. Ihre Verantwortung, ihre Schuld, für die sie sühnen muss. Deshalb lande ich auch nicht im Kloster, sondern in einer weltlichen Schule, verliere zwar die Mutter nicht, aber den Vater - wie sie - und entwickele in dieser Beziehung eine besondere Lebensdramatik. Mein halbes Leben lang denke ich über ihn nach, oder versuche ihn zu finden. Sogar das Alter in dem ich meinen Vater verliere, weil meine Eltern sich trennen, stimmt fast mit dem von Kerstin Strindberg überein. Die Geschichte wiederholt sich also wirklich - beinahe - wieder.

Mir sind die Indianer aus Kunststoff lieber als Puppen. Im Winter spielen wir oft in der Wohnung. Meistens bei meinem Freund P., der eine wunderbare Eisenbahn hat. Sie fährt durch unsere gedachte Prärie und wird von Räubern und Indianern überfallen. Im Sommer spielen wir im Freien. Kämpfen, sterben kunstvoll, sind Forscher, oder spielen Fußball. Während ich mich den Buben verbunden fühle, weil ich ihre Interessen teile und ihre wilden Spiele mit ihnen spiele, erlebe ich Mädchen als fremdartig und seltsam. Im Turnunterricht fallen mir sogar ihre Bewegungen auf, die so ganz anders sind, als die der Buben. Das macht mir bewusst, dass ich nicht wie sie denke und fühle. Ich bin so wild, dass meine Volksschullehrerin sich veranlasst sieht, meinen Eltern den Rat zu erteilen, mich in eine reine Mädchenschule zu stecken. Geschlechtertrennung bei Kindern gibt es in den Gymnasien noch immer. Sie meint, in Gesellschaft von Buben würde sich dieser Zustand verschlimmern. Genau das Gegenteil ist der Fall.

In der Volksschule sind meine Noten gut. In der Mädchenschule ändert sich das. Die Noten werden katastrophal. Man nimmt mich wieder heraus. Ich lande in einer gemischten Schule. Die Noten sind wieder Durchschnitt, obwohl ich dort auch nicht lerne. Wieder Schulwechsel, wieder reine Mädchenschule. Die Noten sind total schlecht. In Mädchenschulen vereinsame ich. Die Schulzeit ist deshalb für mich der schlimmste Lebensabschnitt, den ich durchstehen muss. Ich bekomme davon Magenschmerzen, die ich mir längere Zeit über erhalten habe. Sie sind vermutlich eine unterbewusste Erinnerung an den Magenkrebs Strindbergs, der sicher sehr schmerzhaft war.

Johan war - wie erwähnt - ein guter Schüler, aber er machte kein Examen, weil sein Vater arm war. Die Schulzeit war für ihn manchmal schön, manchmal schrecklich. Unter reinen Bubenklassen litt er. Besuchte er eine Schule in welcher es auch Mädchen gab, lebte er auf. Für ihn war klar: Kinder gehören in der Schule nicht nach Geschlechtern getrennt.

Nun scheint es hier einen großen Widerspruch zwischen seinem und meinem Leben zu geben. An und für sich wäre ein solcher Widerspruch unter all den Übereinstimmungen noch kein Gegenbeweis, denn im Laufe eines Lebens verändern wir uns auch mitunter. Wir kommen zu neuen Erkenntnissen, geben Verhaltensweisen auf und nehmen neue an. Wäre das neue Leben nur eine Wiederholung das alten, würden wir immer auf dem gleichen Entwicklungsstand bleiben. Da wir jedoch auf neue Verhältnisse treffen ist es nicht verwunderlich, wenn einzelne Eigenschaften sich nicht, oder auf eine andere Weise zeigen.

Die hauptsächliche Erkenntnis stimmt überein. Kinder gehören nicht nach Geschlechtern getrennt. Muss ich in einer Klassengemeinschaft sein, in der man sie trennt, leide ich genauso wie er darunter gelitten hat. Meine Abneigung gegen Geschlechtertrennung im alten Leben, festigt sich im neuen.

Meine Eltern sind auch relativ arm, wie die seinen es zeitweise waren. Die teuren Bücher kaufen, fällt ihnen nicht leicht. Das lassen sie mich immer wieder wissen. Noch ein Grund für mich, nicht gerne zur Schule zu gehen. Examen (Matura) mache ich auch nicht.

In anderen Punkten gibt es allerdings mehr Differenzen.

Er sprach mehrere Sprachen, darunter Französisch. Angeblich jedoch sehr schlecht, wie Frieda Uhl uns wissen lässt.

In dieser Hinsicht sind wir eher verschieden, denn ich kann z. B. kein Chinesisch, was er zu lernen versucht, auch wenn ich mich - wie er das auch tat - mit dem I Ging beschäftige. Französisch und Englisch lerne ich zwar in der Schule - zumindest theoretisch, beherrsche diese Sprachen jedoch nicht. Das beginnt sich nun - da ich alt bin - zu ändern. Ich lerne Schwedisch und Französisch. Was Schwedisch betrifft, habe ich Schwierigkeiten, weil ich mit der Pflege meines Onkels und meiner Mutter ausgelastet bin. Nach ihrem Tod finde ich die Kraft, endlich richtig Französisch zu lernen - damit ich

104

Nostradamus übersetzen kann. Ob er Nostradamus kannte? Vermutlich! Aufzeichnungen darüber kann ich aber nicht finden.

Als ich zur Schule gehe, ist es noch nicht alltäglich, in einer Unterstufe Französisch zu lernen. Nur wenige Schulen bieten es an und obwohl ich mich ganz und gar nicht dafür interessiere, trifft es gerade mich. Wäre ich in einer englischen Klasse gelandet, wäre ich nie mit der französischen Sprache in Kontakt gekommen. Mein Stiefvater spricht ganz gut Französisch, weil er in Frankreich Kriegsgefangener war. Davon erfahre ich nicht einmal. Der Vater bringt mir Englisch bei, als ich ein Kleinkind bin. Natürlich habe ich alles vergessen. Mit ungefähr 16 Jahren breche ich die Schule ab und beginne eine Lehre als Buchhändlerin. Wenn die Entscheidung, die Schule frühzeitig abzubrechen, vielleicht auch nur indirekt von mir selbst getroffen wird, so lässt sie sich aber doch auch wieder durch Strindbergs Einstellung erklären.

Er betrachtete es als Schande, finanziell abhängig zu sein. Sein Vater konnte ihm nicht genug Geld geben, als er studieren sollte und das Interesse fehlte ihm auch. Er wusste nicht was er studieren sollte. Ich hätte auch nicht gewusst, welches Studium für mich passend gewesen wäre.

Obwohl Johan anscheinend meistens Geld seiner Familie, die in Finnland lebte, schickte, baten seine Kinder ihn mitunter um weitere finanzielle Unterstützung, die er nicht immer leisten konnte, weil er manchmal schlicht und einfach kein Geld hatte. An Karin, Greta und Hans schrieb er als Reaktion auf einen Bettelbrief:

"Warum sucht ihr nicht Arbeit, anstatt Bettelei vorzuziehen, in so einem jungen Alter? Arbeit die Unabhängigkeit zur Folge hat, oder Bettelei und Abhängigkeit und Schande."

Ich will auch nicht abhängig sein. Arbeit ziehe ich der Schule vor und das bereue ich niemals. Mit dem Beginn einer Lehre entgehe ich dieser Schande. Das ist mir zwar nicht bewusst, denn Schande würde ich es nicht nennen. Aber das Gefühl eine

105

finanzielle Belastung darzustellen, stört mich.
Lernschwierigkeiten habe ich keine, ich lerne einfach nicht.
Meine psychischen Schwierigkeiten sind zeitweise zu groß, um
noch lernen zu können. Sie nehmen mich total in Anspruch. Der
Schulabbruch, dem eine besondere Krise voran geht, bringt
auch in dieser Beziehung Linderung.

Eine psychologische Betreuung, die von der Psychologin später
mit der Begründung abgebrochen wird, ich wolle mich nicht
behandeln lassen, bringt mir leider die Gewissheit, eine echte
Frau zu sein. Es fällt mir schwer das zu glauben. Natürlich sehe
ich meinen weiblichen Körper und ich bemerke, wie ich zur
Frau heran reife. Trotzdem kann ich es nicht so richtig glauben.
Ein Chromosomentest bringt absolute Gewissheit. Meine
Schwierigkeit mich als Frau zu erkennen, fällt in eine Zeit, in der
das Thema gerade aktuell ist. Frau Schinegger wird als Mann
entlarvt. Bei mir ist das jedoch nicht der Fall.

Ich bin nun alt genug meine Kleidung selbst zu wählen und
tausche endlich Hosen gegen die verhassten Kleidchen, die
meine Mutter so liebt. Was auch nicht ohne Konfrontationen
abgeht. Eine Freundin mokiert sich, weil ich mit Hose bekleidet
in ein Kaffeehaus gehe. Heute wundert man sich fast, wenn
eine Frau keine Hosen trägt. So ändern sich die Zeiten.

Ich glaube das einzige das mich von ihm zu unterscheiden
scheint, ist sein Verlangen nach alkoholischen Getränken, das
ich nie verspüre. Obwohl mir Alkohol immer wieder aufgedrängt
wird. Vielleicht gerade deshalb?

Strindberg wurde von Reja als hysterisch, leidend und
übernervös geschildert. Übernervös, leidend und manchmal
vielleicht auch etwas hysterisch, bin ich übrigens auch. Johan
sei hingegen alles andere als schizophren, also keineswegs
verrückt, aber er missbrauche den Alkohol. Sieht man sich in
seiner Biografie um, merkt man jedoch, dass auch das nicht
immer der Fall war. Als junger Mann trank Strindberg überhaupt
nicht. Später trank er zwar große Mengen, war angeblich aber
nie betrunken. Wenn meine Theorie stimmt, muss sich

106

manches Verhalten schon im Vorleben umkehren, oder später verändern, wenn man das gegenteilige Geschlecht im nächsten Leben hat. Schon bald wird man fündig. Was er sich selbst erlaubt, bekrittelt er an seiner Frau. Ob sie wirklich dem Alkohol zugeneigt war, kann ich nicht beurteilen und ist in diesem Zusammenhang auch ohne jede Relevanz. Er behauptet es jedenfalls und lässt erkennen, dass er Frauen die Alkohol trinken, verachtet. Es wäre daher logisch, im nächsten Leben, in dem man nicht mehr Mann ist sondern Frau, auf Alkohol zu verzichten. Was ich bisher weitgehend tue. Alkohol ist für mich eigentlich kein Thema. Er schmeckt mir einfach nicht. Im Gegensatz zu ihm - der erklärt, er habe es ohne und mit Alkohol versucht - fühle ich mich ohne ihn besser. Allerdings meint er damit den Schlaf. Er konnte ohne Alkohol nicht gut schlafen. Ich anscheinend auch nicht, denn ich schlafe zeitweise fast gar nicht. Daher auch meine zeitweilige Hysterie und Gereiztheit. Trotzdem werde ich es nicht mit Alkohol versuchen.

Auf den zweiten Blick erkennt man eine Veränderung in Strindbergs Leben. In seinen letzten Lebensjahren verzichtete er auf Alkohol. Er hatte unbewusst erkannt, wie gefährlich das Nervengift auf ihn wirkte. Allerdings hielt er den Alkohol an sich für so gefährlich, denn von dem Gift wusste er ja nichts. Er warnte sogar andere davor. Sozusagen ein doppelter Grund für mich, keinen Alkohol zu trinken.

Ein anderes Erbe Johans - der Hass gegen Frauen - quält mich. Ich habe ja schon ergründet, wodurch sein Hass entstand. Was mich betrifft gibt es keine Erklärung dafür, dass ich in jungen Jahren auch Frauen hasse - abgesehen von der Wiedergeburtstheorie.

Es gibt in meinem Leben einzelne Episoden, die diese Tendenz aufzeigen, ohne sie zu erklären. Fast niemand außer mir selbst bemerkt sie und ich registriere sie verwundert, speichere sie in meinem Gedächtnis, wie viele andere Seltsamkeiten, für die ich keine Erklärung habe.

Noch während ich die Volksschule besuche, ich muss also jünger als zehn Jahre alt sein, habe ich ein Erlebnis, das mir meine Einstellung Frauen gegenüber vor Augen führt und auf das ich irritiert reagiere. Unsere Pfarre organisiert jedes Jahr einen "Umzug" mit den Kindern der Schule. Daran nehme auch ich teil, denn alles was mit Kirche und Religion zu tun hat, zieht mich magisch an. Eine fremde Frau herrscht mich an, ich solle in die Reihe gehen, weil ich etwas zur Seite getreten bin. Plötzlich steigt in mir unbändiger Hass auf, wie ich ihn nie zuvor erlebt habe. Dieses Gefühl kenne ich gar nicht, denn ich bin ein sehr liebenswürdiges, freundliches und hilfsbereites Kind. Ich erschrecke selbst vor mir. Je älter ich werde, umso stärker fühle ich meine Abneigung dem weiblichen Geschlecht gegenüber. Es dauert dann auch lange, bis ich diese Abneigung endlich ablegen kann. Davon habe ich mich befreit. Dazu musste ich als Frau geboren werden.

Meine Mutter heiratet den Stiefvater, als ich 5 Jahre alt bin. Dadurch verändert sich ihr und mein Familienname. Fortan heißen wir Polly. Selbstredend habe ich damals keine Ahnung davon, was sich in meinem Leben verändert. Dazu bin ich noch zu klein. Der Name ist in Österreich sehr selten. Ursprünglich hießen die Vorfahren des Stiefvaters Pohli. Der Schreibfehler eines Standesbeamten soll daraus den Namen Polly geschaffen haben. Kein ungewöhnlicher Vorgang in der Vergangenheit. Die Wahrscheinlichkeit in Österreich diesen Namen zu tragen, ist also verschwindend gering. Auch der abgekürzte Vorname „Polly" wird in Österreich überaus selten verwendet, falls überhaupt, im Gegensatz zum englischen Sprachraum.

Die „Mumie" in der Gespenstersonate heißt „Polly" und sie hält sich für einen Papagei. Sie wiederholt ständig, was andere sagen. "Man erzählt, sie sah mit 35 aus als wäre sie neunzehn und sie liebte ihr Kind nicht."

108

Meine Mutter sieht immer jünger aus als sie ist. Ich allerdings auch. Ob sie mich liebt? Das glaube ich eigentlich nicht, denn dazu ist sie viel zu selbstbezogen und auch zu verletzt, aufgrund ihrer eigenen Geschichte. Meine Gefühle zu ihr sind auch mehr die zu einer Schwester, als zu einer Mutter. Noch seltsamer als die „passende" Namensänderung ist ihre geistige Entwicklung, was man natürlich zum Zeitpunkt der Namensänderung noch nicht abschätzen kann. Als sie um die 80 Jahre alt ist, wiederholt sie plötzlich alles wörtlich, was jemand sagt - wie ein Papagei. Das geht lange Zeit so. Ich wundere mich über ihr Verhalten, nehme es aber hin. Als mir meine Kinder dann einmal zu Weihnachten das Textbuch der Gespenstersonate schenken, bin ich ganz schön überrascht, über diese seltsame Parallele. Eigenartig ist auch, dass sie einige Zeit später, nachdem ich den Text gelesen habe, ihr seltsames Verhalten wieder langsam einstellt

Ich bin das einzige Kind meines Vaters, welches von einem Fremden adoptiert wird. Meine drei Halbschwestern leben zusammen mit ihm bei ihrer Mutter. Spät aber doch erhalten sie seinen Nachnamen, davor waren alle seine Kinder – ich mit eingeschlossen - außerehelich. In dieser Beziehung gibt es zwei Parallelen zu Strindberg.

Drei Kinder waren vor der Ehe geboren und Johan kam im Anfang der Trauzeit zur Welt.

Nicht alle Vergleiche bringen wichtige Ereignisse zum Vorschein. Übereinstimmungen können auch sehr banal sein. Etwa was Äußerlichkeiten betrifft.

„...das Haar war blond und über einer krankhaft hohen und hervortretenden Stirn in die Höhe gekämmt. Diese Stirn veranlasste die Verwandten zu manchem Gerede...",

Ich habe blondes Haar, Sommersprossen und eine hohe Stirn. Weil ich mich nie in den Spiegel sehe, stört mich das nicht, solange ich klein bin. Erst als ich größer werde, bemerke ich das und ich leide darunter. Fotos zeigen mich mit einer hohen

109

Stirn, die jedoch nicht auffällig ist. Als junges Kind habe ich die Haare aus dem Gesicht gekämmt, ohne mich daran zu stören. Später versuche ich zwanghaft die Stirn zu verbergen, weil ich mich für sie schäme. Sie scheint mir überdimensional zu sein. Ob das tatsächlich so ist, oder nicht, kann ich nicht mit Sicherheit beantworten. Ich trage prinzipiell „Stirnfransen" um sie abzudecken. Erklären kann ich mein Verhalten nicht. Als ich erwachsen bin, wundere ich mich selbst darüber. Ein wenig habe ich mich damit ausgesöhnt. Jetzt verstecke ich meine Stirn nicht mehr. Zumindest nicht immer.

In Strindbergs Familie „küsste man sich nicht".

In meiner Familie küsst man einander nicht. Meine Großmutter pflegt zu sagen: „Die „Abschleckerei" ist nichts für uns!". Das bleibt mir erhalten, obwohl ich es gar nicht will. Es kostet mich große Überwindung, jemandem um den Hals zu fallen, oder ihn gar auf die Wange zu küssen.

Mein Stiefvater sagt zu mir oft: „Die Wahrheit kann man immer sagen." Damit hat er nicht Recht, wie ich im Laufe meines Lebens erkennen muss. Zu ihm habe ich ein sehr gutes Verhältnis als ich noch klein bin, doch je älter ich werde, desto mehr entferne ich mich von ihm. Der Zwang die Wahrheit zu sagen bleibt. Ich kann nicht lügen. Meine Wahrheitsliebe ist so gesehen kein Verdienst, sondern eine Schwäche.

„In Johans Häuslichkeit wurde die Wahrheit verehrt. Sprich immer die Wahrheit, was auch geschehen möge", sagte sein Vater.

In unserer Familie wird viel gelesen. Großvater, Onkel und Mutter lesen alles, was sie an Romanen finden können. Die Großmutter liest Zeitungen und die darin enthaltenen Fortsetzungsromane, der Stiefvater greift zu den „Schundheften", wie man die billigen Western- und Krimiheftchen nennt. Obwohl ich ein Mädchen bin, lese ich fast nur Indianer-Bücher in der Kindheit. Jedes Jahr zu Weihnachten bekomme ich Bücher geschenkt. Das ist Tradition.

110

Fast alle Romane von Karl May lese ich. Lederstrumpf, Robinson und noch einiges andere. Der Graf von Monte Christo und andere Abenteuerromane begeistern mich ebenso. Meine Großmutter will mir Pippi Langstrumpf geben, aber das will ich nicht lesen. Mädchenbücher rühre ich niemals an. Dabei bin ich klein und zart, körperlich gesehen so ganz und gar nicht der Typ für Gefahren und anstrengende Abenteuer. Gemeinsam mit meinem besten Freund P. spiele ich trotzdem fast nur „Indianer und Cowboy" Spiele.

"Johan las viel und er las gerne Indianerbücher. Zu gleicher Zeit begannen die Jugendbücher die Rückkehr zur Natur zu fördern. Robinson war epochemachend, und die Entdeckung Amerikas, der Skalpjäger und andere, weckten einen aufrichtigen Ekel vor Schulbüchern."

„Was werden die Menschen sagen", war im Hause Strindbergs ein geflügeltes Wort. Du hast keinen Willen, hieß es immer. Und damit wurde der Grund zu einem willenlosen Charakter gelegt. Was werden die Menschen sagen, hieß es später.

Ähnliche Worte gibt es in meiner Familie auch zu hören. "Was werden die Leute sagen!"

Klavierkonzerte höre ich gerne. Auch solche die Strindberg noch nicht kannte. Wagner mag ich nicht, bis auf einige Arien, dafür liebe ich Offenbach.

Strindberg lehnte Wagner ab. Nur wenige Arien gefielen ihm. Offenbach schätzte er.

Als einzigen österreichischen Theaterdichter liebe ich Nestroy.

Ein Band von Nestroy stand in seiner Bibliothek.

Im Leben fast jedes Menschen gibt es verschiedene Eigenheiten, von denen man nicht weiß, woher sie stammen. Bei mir ist eine davon das ungewollte Erröten. Bei jeder Gelegenheit werde ich rot im Gesicht, auch noch als

111

Erwachsene. Dazu bedarf es keines besonderen Anlasses und ich erinnere mich auch nicht, jemals begründet rot geworden zu sein. Eher im Gegenteil. Komme ich auf den Gedanken, jemand könne mich für schuldig halten, etwas Verbotenes getan zu haben, obwohl ich unschuldig bin, erröte ich sofort. Sage ich etwas, was mir aus unerfindlichen Gründen unangenehm ist, werde ich rot. Je mehr ich dagegen ankämpfe, desto schlimmer wird es. Auch das fortschreitende Alter hindert mich nicht daran. Ich verschwende viel Zeit, um mit autogenem Training das Problem zu beseitigen, stelle verschiedene psychologische Theorien auf, forsche nach vergessenen Ursachen – aus diesem Leben. Nichts hilft. Was ich auch nicht verstehen kann: ich kann mich nicht entschuldigen. Egal worum es geht, eine Entschuldigung kommt niemals über meine Lippen. Des Rätsels Lösung kann ganz einfach sein, betrachtet man ein früheres Leben als Verursacher. Dann ergibt Sinnloses plötzlich Sinn.

„Wer hat den Wein ausgetrunken?" Fragte er und sah sich unter den Kindern um. Niemand antwortete, aber ich errötete. „So bist du es gewesen, sagte der Vater. Da ich niemals das Versteck der Weinflasche ausgekundschaftet hatte, fing ich an zu weinen und schluchzte: „Ich habe den Wein nicht ausgetrunken." „Was, du leugnest auch noch? Du sollst was erleben, wenn wir vom Tisch aufstehen!" Der Gedanke was dann geschehen würde, und die Betrachtungen, die der Vater über mein verschlossenes Wesen fortsetzte, veranlasste mich, noch mehr zu weinen. Man stand vom Tisch auf. „Komm", sagte der Vater und ging in die Schlafstube. Die Mutter folgte. „Bitte Papa um Verzeihung, sagte sie." „Ich habe es nicht getan, schrie ich jetzt. „Bitte Papa um Verzeihung, sagte die Mutter und zauste mich. Der Vater griff hinter den Spiegel nach der Rute. „Lieber Papa verzeih mir", brüllte der Unschuldige. Jetzt aber war es zu spät. Das Bekenntnis war abgegeben. Die Mutter half bei der Exekution. Ich heulte vor Harm und Wut, aus Schmerz, am meisten aber vor der Schande der Demütigung. „Bitte Papa um Verzeihung", sagte die Mutter. Ich sah sie an und verachtete sie. Ich fühlte mich allein, verlassen von der, zu der ich mich stets flüchtete, um Milde und Trost zu finden, aber so selten Gerechtigkeit fand. „Verzeih, lieber Papa", sagte ich mit zusammengebissenen Lippen."

Die Namen meiner Mutter und des Stiefvaters sind: Grete und Hans. Die Nachbarn heißen Grete und Hans, der beste Freund meines Onkels hieß Hans, seine Frau Grete. In der Verwandtschaft gibt es auch eine Karin, mit der ich etwas Kontakt habe.

Seine Kinder aus erster Ehe hießen Karin, Greta und Hans.

Geboren wurde ich an einem 17., zwei meiner Kinder ebenso. Siri von Essen wurde an einem 17. geboren.

Es kam zum Eklat, als Siri sich einer Frau zuwandte. Sie stritt eine lesbische Beziehung ab, zog aber später mit Marie David zusammen, was eine sexuelle Beziehung doch nahelegt. Zugeben konnte sie diese nicht, weil die öffentliche Meinung und das Gesetz einer derartigen Beziehung feindlich gesonnen war.

Eine meiner Halbschwestern lebt mit einer Frau zusammen.

Meine Mutter wurde am 21.4. geboren. Siri starb am 21.4., wenige Monate vor Strindberg.

Man kann diese Vergleiche beliebig fortsetzen. Lange Zeit verfolgt mich beispielsweise die Idee, ich muss mir unbedingt einen Stock kaufen. Kurz danach finde ich einen, den jemand auf der Straße an einen Zaun gelehnt hat. Natürlich nehme ich ihn mit, bin aber nicht damit zufrieden. Denn eigentlich will ich einen Stock, in dem sich ein Messer verbirgt. Es ist dieselbe Idee, die Johan einst hatte. Vielleicht werde ich sie in meinem nächsten Leben wieder haben? Schließlich kann ich sie bisher nicht in die Tat umsetzen. Wenigstens kaufe ich mir einen, zwei, drei Stöcke, mit denen man jemanden verprügeln könnte.

113

Mir war, als sähe ich an einem Gartenweg einen blühenden Mandelbaum und hörte die Stimme einer alten Frau. Die Stimme aber sagte: „So glaube doch nicht daran, mein Kind!" Und ich habe nicht mehr daran geglaubt, dass das Welt-Geheimnis entschleiert sei, sondern habe manchmal allein, manchmal mit andern angefangen, über die große Unordnung nachzudenken, um zuletzt in ihr einen unbegrenzten Zusammenhang zu entdecken.

Strindberg war nicht bloß Dichter, Maler, Fotograf und Alchemist, Er war auch Philosoph und vor allem war er Suchender. Warum ich nicht dichten mag, habe ich schon erörtert. Zur Malerei habe ich durch meinen Großvater seit frühester Kindheit eine starke Beziehung und Philosophie interessiert mich selbstredend auch. Aber ich beschäftige mich nicht mit den Philosophen, bis auf einen: Als ich noch Buchhändlerin bin, lese ich sogar Kierkegard. Der einzige Nordländer, der sich in meine Jugend zu schleichen vermag. Ein wichtiges Thema Johans, während seiner Studienzeit. "Zufällig" finde ich ein Exemplar in der Buchhandlung, in welcher ich arbeite.

Er war ein Suchender. Wer sucht kann irren und er irrte oft. Schließlich ging es ihm ums nichts Geringeres, als um das Lösen des „Weltenrätsels". Daran haben sich schon viele vergeblich versucht. Erkennt man einen Irrtum als das was er ist, korrigiert man ihn, oder man geht zurück an den Start – und versucht es erneut. Ein „geschlossenes System" kann ein Irrender, aber auch ein Suchender, nicht vertreten. Höchstens Ideen und vereinzelte Wahrheiten, aber der Rest ist nichts weiter als Unsicherheit. Und Menschen fürchten nichts so sehr wie Unsicherheit. Eine Idee kann absurder nicht sein, dass sich nicht ein dankbarer Glaubender findet, der sich ihr zum Opfer bringt. Je einfacher sie ist, desto leichter lässt sie sich verkaufen. Strindberg jedoch brachte nur Unsicherheit, indem er zum Denken aufrief, statt fertige Antworten zu präsentieren.

114

Volker Klotz schrieb in einer Besprechung einer Stockholmer Bergman-Inszenierung: „*Gelassen auf Strindberg zu reagieren, scheint mir schwer, wenn nicht unmöglich … Hier sperrt sich einer noch posthum gegen die Annehmlichkeiten und Belastungen der Klassizität. Strindberg verstört, nach wie vor. Das Befremden das er auslöst, lässt sich nicht ohne weiteres produktiv machen. Ob man ihn mag oder nicht, beide Male drängt sich ein unbehagliches Aber auf, das den Reagierenden in die gleichen beklemmenden Bahnen lenkt, die Strindbergs eigenes Leben zog. Faszination ist die Wirkung, doch Faszination wider Willen, verprellende Lockung, anziehender Affront, umwittert vom Hauch des unzulässigen Intimen.*"

Er macht Angst – bis heute. Weil er die Menschen mit ihren eigenen Gedanken, Ängsten, Zweifeln, Problemen, Schwierigkeiten konfrontiert. Er ist nicht einfach nur Kritiker, zeigt nicht nur Schwachpunkte in scheinbar logischen Theorien auf, um dann brav eine neue zu präsentieren, an die sich das ängstliche Publikum klammern kann. Was er beschreibt ist sein eigener Weg, voller Wirren und Irrungen und die Probleme seiner Mitmenschen. Sein Leben ist Spiegel für jeden, weil er alle Tiefen durchmessen hat. Die Hölle kennt er wie seine Westentasche. Denjenigen die um Erlösung flehen, grinst nur das Höllenfeuer entgegen, an dem sie verbrennen. Der Dichter will jedoch erkennen und verlangt vom Leser und der Leserin dasselbe. Erkenne! Schreit er denen entgegen die Bücher verehren, weil in ihnen angeblich alles steht, was man wissen muss. Damit das Leben sicher ist und der Tod leicht überwunden wird. Die Menschen mit den fertigen Lebens-Rezepten fühlen Gänsehaut, wenn sie mit Strindbergs Werk konfrontiert werden. Jeder einzelne gerät irgendwo an einen Punkt, wo der Beifall versiegen muss, weil das eigene Weltbild in Frage gestellt wird.

Das „Traumspiel" führt und entführt den europäischen Menschen nach Asien, in eine beängstigende Welt. Die Erinnerung an Wiedergeburtstheorien wurde vor Jahrhunderten von der katholischen Kirche zusammen mit den Katharern ausgerottet. Durch die Theosophen und durch die Berührung mit den fremden Kulturen, kehrte sie nach Europa zurück. Schopenhauer bereitete dem Buddhismus den Weg, Johan ließ sich beeindrucken. Wie bei allem anderen auch, was ihm an Ideen begegnete, verarbeitete er auch diese in seinen Werken.

„Die Theosophen meinen mit Karma teils das Schicksal eines Menschen, teils seine Aufgabe im Leben. Unter Schicksal ist zu verstehen: das Pensum, das der Mensch durchmachen soll als Buße für eine unbekannte Vergangenheit. Unter Aufgabe ist wohl zu verstehen, dass er gegen seinen Willen dazu gezwungen wird. Die Erfahrungen von sechzig Jahren veranlassen mich, an diese Vermutung zu glauben. (...) Die Theosophen gestehen, dass von der anderen Seite hochstehende Wesen gutwillig herniedersteigen, um den Menschen zu helfen, indem sie sie führen und für ihre Schuld leiden. (...) das heißt: viele Menschen folgen Christi Beispiel und leiden für die Menschheit. Aber wohl muss man sich merken: Karma ist nicht Nemesis (...) Das Fatum des Orientalen stammt aus demselben Gefühl wie Karma; und sie haben recht, wenn sie es „unvermeidlich" nennen; aber unrecht, wenn sie das Schicksal blind heißen. Das Auge des Weltenlenkers ist nicht blind." (schrieb er im August 1920)

Die Schlüsse die er zieht, sind immer für den Augenblick gedacht, nicht für alle zukünftigen Zeiten. Ich wäre nicht er gewesen, würde ich dort ein Leben lang stehen geblieben sein, wo er am Ende seines Lebens stand. Mein Leidensweg ist als Fortsetzung des seinen zu verstehen, aber auch als dessen Überwindung. Strindberg blieb tief in seinem Herzen Christ. Was ihn nicht hindert, an Wiedergeburt zu glauben. Ich lege das Christentum, in das ich hinein geboren bin, wieder ab. Obwohl ich alle seine Stationen nachvollziehe, bis hin zu seiner hinduistisch-buddhistischen Phase, kann ich nicht mit Sicherheit sagen, wo ich jetzt stehe. Bin ich im Kreis gegangen und wieder dort angekommen, wo er schon einmal war, oder bereitet sich in mir neue Erkenntnis vor? In seinem Stück „ein Traumspiel" erklärt er, dass alles nur Illusion ist. Ein Thema das mich schon lange begleitet. Jetzt finde ich es bei ihm wieder.

Alles kann geschehen, alles ist möglich und wahrscheinlich." - „Alles Ungereimte wird wahrscheinlich." - „Die Personen teilen sich, verdoppeln sich, verdunsten, verdichten sich, zerfließen." - „Wie der Traum meist schmerzlich ist, weniger oft freudig, geht ein Ton von Wehmut und Mitleid mit allem Lebenden durch die schwindelnde Erzählung." - „Ich fing damit an, die Menschen zu schildern, und es war mir alles so glasklar, aber je weiter ich komme, desto weniger verstehe ich sie; auch Goethe fand gegen das Alter die Menschen immer sonderbarer und seltsamer.

So ist es also, Mensch zu sein ... Vermisst - auch was man nicht geschätzt tat, bereut - auch, was man nicht verbrochen

Mit dem Gedanken alles sei nur Illusion, spiele ich oft - und in der letzten Zeit taucht er immer häufiger auf. Nicht nur in meinem Kopf, sondern immer wieder auch in meinem (virtuellen) Umfeld. Jetzt wo ich über das Traumspiel lese, weiß ich erst woher er kam. Ist alles um mich herum nur Illusion? Der Vergleich zwischen seinem Leben und dem meinen lässt mich an der Welt als reale Schöpfung immer stärker zweifeln. Dabei ist es nicht ein Gefühl, welches diesen Zweifel verursacht. Solcherart Gefühlen würde ich misstrauisch begegnen. Nein, es ist der Verstand, der logisch betrachtet, analysiert und zu dem Schluss kommt, dass diese vielen „Zufälle", diese unendlichen Übereinstimmungen, niemals auf ein festes Gefüge des Schicksals hindeuten können. So viele – zu viele - Details passen perfekt zusammen. Ich würde sagen, es sind viel zu viele, um einen dahinter zu vermutenden Willen leugnen zu können. Da bleiben wohl nur zwei Möglichkeiten. Entweder ist mein Erleben reine Illusion, oder wir alle haben einen Auftritt auf der Bühne des Lebens und eine unsichtbare Macht führt dabei Regie!

117

Sein Grab besuche ich selbstverständlich. Erst viele Jahre nach meiner Erinnerung an sein Leben. Sollte ich keiner üblen Täuschung erlegen sein, wovon ich überzeugt bin, stehe ich an meinem eigenen Grab, vor den Resten der Knochen, die vor langer Zeit die meinen waren und die jetzt in der Erde vermodern. Ein seltsames Gefühl. Alles wirkt so real, so wirklich, so echt. Aber was ist das wirklich, was da begraben liegt? Ein Teil von mir, oder nur etwas von mir Erdachtes, das eine feste Form vortäuschte, damit ich mich für ein lebendes Wesen unter vielen halte?

Als ich einmal besonders verzweifelt bin und unter der Grausamkeit der Welt leide, schreie ich zu dem Gedanken, der diese Welt geschaffen hat und bitte um Erlösung. Nicht für mich, sondern für die leidenden Wesen. Ich will erst folgen, wenn alle anderen diesen Zustand erreicht haben, sage ich, verspreche ich, schwöre es heilig. Alles Böse, alles Schreckliche wolle ich sehen, die Welt erkennen wie sie ist. Nachdem ich vor Erschöpfung nicht mehr weinen kann, schlafe ich ein. Am nächsten Morgen erwache ich mit einer Vision.

Ich flog durch das Weltall, immer schneller und schneller. Mein Körper breitete sich aus, verlor seine Gestalt. Die Bewegung wurde ruhiger, fließender und ich ging in dem All auf. Es wurde zu mir, oder ich wurde zu ihm. Ähnlich einem Springbrunnen, dessen Wasser sich in einem Kreislauf befindet, sog mich eine Kraft in mich selbst hinein, als wäre dort ein Abfluss. Und ich hatte keinen Anfang und kein Ende, ich war Gefäß und Inhalt, war unendlich, ewig und von absolutem Glück erfüllt. Worte können nicht ausdrücken, was ich erlebte. Vielleicht war es nur ein Augenblick, vielleicht war es ewig – ich vermag es nicht zu sagen. Plötzlich war ich wieder da, in meinem Körper und in dieser Welt gefangen. Zutiefst enttäuscht, weil ich den Himmel hatte erleben dürfen, ihn aber nicht behalten konnte, haderte ich mit Gott. Seither frage ich mich immer wieder, was diese Vision mir sagen möchte. Wollte sie mich trösten oder verhöhnen?

Erst viele Jahre später fällt mir auf, was ich bisher nicht beachtet habe. In diesem Zustand bin ich alleine. Nichts ist außer mir. Wenn diese Welt nur Illusion ist – dann bin ich allein. Alle anderen sind von mir erschaffen.

Das herauszufinden liegt nun vor mir. Wer bin ich, woher komme ich, wohin gehe ich? Habe ich, als ich Strindberg war, für Verbrechen, die ich in früheren Leben begangen habe, gebüßt und gerade deshalb auf allen Linien versagt? Wenn ich eines begriffen habe, dann dieses: Wer vermeintlich büßt, wird dadurch nicht zu einem besseren, sondern eher zu einem schlechteren Menschen. Indem man sich selbst quält, verändert man sich zum Schlechten. Man wird unleidlich, weil man leidet, gibt all seine Schuldgefühle an andere weiter, indem man sie zu sich in den Abgrund seelischer Qualen zieht. Buße kann und darf kein Lebensinhalt sein. Man soll erkennen was man falsch gemacht hat - und dann muss man sich selbst verzeihen.

Die letzte Karte die Strindberg an Emil Schering im Jahre 1912 schrieb, zeigte das Bild "Christus auf dem Berge am Schlachtfeld", von E. Debat-Ponsan und daneben den Vers Johannes 13,34 "U*nd ich sage euch nun: ein neu Gebot gebe ich euch, dass ihr euch untereinander liebet, wie ich euch geliebt habe, auf dass ihr einander lieb habet.*" Schering meinte, Strindberg habe vielleicht den 1. Weltkrieg vorausgesehen, den er aber zum Glück nicht mehr erleben musste. Unter seinen Werken findet sich auch eine Friedensnovelle, was zeigt, dass er sich mit diesem Thema auseinander gesetzt hat.

Ist es da verwunderlich, dass ich den größten Teil meines Lebens in der "Friedensstadt" verbringe, die nach dem ersten Weltkrieg, im Jahre 1921 (da kehrt sich die Zahl sogar um) gegründet wurde? Mein Großvater, der in diesem Weltkrieg kämpfte, war einer der ersten Siedler, die das Bild der heutigen "Friedensstadt" schufen, indem er - damals noch mitten im Wald - der einstigen Sommerresidenz der Kaiserin, sein Haus erbaute.

Ich glaube, niemand kann sich meiner Argumentation ganz verschließen und auch wenn Kritiker dieses und jenes dem Zufall zuschreiben mögen, weil es unangenehm sein mag, meinen Behauptungen Glauben zu schenken, wird doch ein gewisses Maß an Überraschung bleiben. Dabei bin ich selbst vielleicht weit mehr vom Ergebnis meiner Nachforschungen beeindruckt, als meine zukünftigen Kritiker. Ganz besonders von einer Stelle in "Jakob ringt", einem Werk, das zu Recht ein Fragment bleiben musste. Ich stelle diesen Text ans Ende meiner Betrachtungen, weil er sozusagen den Teufels-Kreis schließt, den ich hoffentlich durchbrechen kann. Von ungefähr 1987 bis heute - wir schreiben das Jahr 2019 - bin ich auf der Suche nach Erklärungen, versuche zu schreiben, beginne immer und immer wieder von Neuem, um das Geschriebene dann doch wieder zu verwerfen, weil es mir nicht gefällt. Und im Jahr 2007, wo ich mich erstmals ernsthaft anschicke meine Gedanken auf Papier zu bannen, sie auch zu veröffentlichen,

121

finde ich, was ich vor Jahrzehnten als Vision erlebe, in seinen Werken vorweg genommen.

1897 schreibt er:

"*Einen Augenblick bleibe ich angesichts des ausgedehnten Tränenpfades ganz niedergeschlagen stehen, als sich unter den entlaubten Bäumen eine Lichtkugel nähert, die von zwei Vogelflügeln getragen wird. Sie macht vor mir in gleicher Höhe mit meinen Augen Halt, und in dem klaren Schein, der sich um die Kugel breitet, sehe ich ein weißes Blatt Papier, das gleich einer Speisekarte verziert ist. Oben steht in rauchgefärbten Buchstaben: Iss! Und unten rollt sich in einer Sekunde mein ganzes verflossenes Leben auf, wie eine mikrographische Reproduktion auf einem ungeheuer großen Plakat. Alles ist da zu finden! Alle Schrecken, die heimlichsten Sünden, die widerlichsten Szenen, in denen ich die Hauptrolle spiele ..... Wehe, ich möchte vor Scham sterben, als ich im Bilde die Szenen sehe, die mein vergrößerndes Auge auf einmal auffasst, ohne lesen und verdolmetschen zu brauchen! Aber ich sterbe nicht, im Gegenteil, während einer Minute, die so lang ist wie achtundvierzig Jahre, sehe ich aufs neue mein ganzes Leben von der grünen Kindheit an bis auf diesen Tag. Mein Gebein verdorrt bis aufs Mark, mein Blut stockt, und vom Feuer der Gewissensqual verzehrt, falle ich mit dem Ausruf zu Boden: Gnade! Gnade! Und ich werde davon abstehen, mich vor dem Ewigen zu rechtfertigen, und ich werde davon abstehen, meinen Nächsten anzuklagen*"

Nachwort

Ich vertraue meinen Träumen und deshalb glaube ich auch an den wahren Tod. Das sei der Tod der Seele, wurde mir von meinem Traumbewusstein bekundet.

Aber ich glaube auch, dass wir leben, solange die Seele lebt. Also solange sie durch die verschiedenen Gestalten wandert, welche sie sich erschafft. Ob jede Seele einstmals sterben wird, weiß ich nicht, denn darüber schwieg der Traum. Vielleicht wird es jeden einstmals treffen, oder nur einige, die verloren gehen. Ich sah das Bild eines Mannes, der in eine formlose Umwelt eintauchte, in ihr geradezu versank.

Mag sein, dass die Religion vielleicht in dieser einen Hinsicht Recht behält und manche dazu verdammt sein werden, im Nichts zu versinken. Alleine, einsam, ohne Trost. Während die anderen in der Ewigkeit aufgehen.

Das bleibt abzuwarten.

Folgende Literatur habe ich zum Vergleich heran gezogen.

Strindberg, Briefe an Tochter Kerstin, Claassen

Strindberg, Briefe an Emil Sehering Georg Müller Verlag

Strindberg, Inferno

Strindberg,Legenden

Strindberg im Zeugnis der Zeitgenossen, Carl Schünemann Verlag, Bremen

Friedrich Buchmayr, Madame Strindberg, Residenz Verlag 2011

Norbert Glas, August Strindberg, Wiederverkörperung - Schicksal - Krankheit an einem historischen Beispiel dargestellt, Perseus Verlag, Basel